네?
주일학교 교사를
하라고요?

네?
주일학교 교사를
하라고요?

유아·유치부

ⓒ 생명의말씀사 2022

2022년 6월 27일 1판 1쇄 발행
2024년 1월 16일 　　 2쇄 발행

펴낸이 | 김창영
펴낸곳 | 생명의말씀사

등록 | 1962. 1. 10. No.300-1962-1
주소 | 서울시 종로구 경희궁1길 6 (03176)
전화 | 02)738-6555(본사) · 02)3159-7979(영업)
팩스 | 02)739-3824(본사) · 080-022-8585(영업)

지은이 | 신혜영, 신보원

기획편집 | 서정희, 장주연
디자인 | 조현진, 김혜진
삽화 | 신보원
인쇄 | 예원프린팅
제본 | 다온바인텍

ISBN 978-89-04-12176-2 (03230)

저작권자의 허락없이 이 책의 일부 또는 전체를
무단 복제, 전재, 발췌하면 저작권법에 의해 처벌을 받습니다.

목차

추천사 6
들어가며 1 하나님과 아이들에게 사랑받는 행복한 주일학교 교사 8
들어가며 2 막막한 주일학교 교사들에게 작은 도움이 되기를 10

1부 알게 되면 보입니다 유아를 이해하는 4가지 기본 원칙 13

2부 주일학교 상황별 가이드

1장 준비하기 두근두근 첫 만남을 기다리며 24
2장 맞이하기 한 명, 한 명 편안하게 맞이해요 34
3장 찬양 할렐루야! 신나는 찬양 시간 48
4장 예배 시끌벅적 예배 시간, 집중 도와주기 58
5장 공과 공과 준비와 진행 노하우 66
6장 가정 교회와 가정을 이어 주는 믿음의 소통 82
7장 행사 행사 준비, 알면 어렵지 않아요! 92

부록 1 교회 절기 및 주요 행사를 위한 Tip 101
부록 2 유아유치부 온라인 모임을 위한 Tip 119
부록 3 연령별 어린이 추천 도서 127
마치며 우리가 돌본 작은 씨앗이 예수님께 튼튼히 뿌리내리기를 132
주 135

추천사

**사랑과 믿음을 바탕으로 한 섬김에
유아기에 대한 지식, 기술, 태도를 더하도록 돕는 책**

이 책에는 다양한 유아교육·보육 현장 및 주일학교에서 발로 뛰며 내공을 쌓아 온 두 아동학 박사가 저술한 그간의 경험과 지식이 생생하게 담겨 있습니다. 주일학교 유아유치부의 많은 선생님과 담당 교역자가 아이들을 사랑하는 마음과 열정으로 섬기면서도 실질적으로 마주하는 다양한 문제와 어려움으로 고민하는 모습을 보고 이 책을 집필하기로 결심했다는 출간 동기가 정말 귀합니다.

사랑과 믿음을 바탕으로 한 섬김, 유아기에 대한 지식과 아이들과의 상호작용 방법을 담고 있는 이 책은 처음 주일학교를 섬기는 선생님과 교역자의 고민을 해결해 줄뿐더러 주일학교 아이들의 자발적이고 주도적인 예배 태도 형성을 도와줄 것입니다. 또한 주일학교의 진행 흐름에 따라 내용이 구성되어 있고, 전문가의 Tip, Q&A가 함께 실려 있어서 주일학교 교사를 꿈꾸고 있는 예비 교사들도 쉽게 읽을 수 있을 것입니다.

『네? 주일학교 교사를 하라고요?』에 담긴 지식과 노하우가 주일학교 선생님들의 사랑과 믿음을 바탕으로 한 섬김과 열정에 더해져, 우리 유아유치부 아이들이 더 행복하게 성장하기를 소망합니다.

_ 이찬수 목사(분당우리교회 담임)

무너진 다음 세대를 세우는 주일학교 선생님들을 위한 실제적인 매뉴얼

코로나19로 인해서 다음 세대가 너무나도 큰 타격을 입었습니다. 무너진 다음 세대를 다시 세우기 위해서는 주일학교 선생님들의 역할이 절대적으로 중요합니다. 그런데 많은 선생님이 교회에서 무엇을 어떻게 해야 할지 모르는 경우가 꽤 많습니다. 이 책은 마치 우리 주일학교 선생님들을 위한 매뉴얼과 같습니다.

특히, 유아유치부는 주일학교 부서 중에서 가장 중요합니다. 보통 다음 세대 사역의 모판이라고 이야기를 합니다. 유아유치부에서 잘 키워 올려 보내 줘야 주일학교 전체가 튼튼해집니다. 그런데 아직까지 유아유치부 선생님들을 위한 특화된 책이 거의 없었는데, 이번에 너무나도 좋은 책이 나왔습니다.

이 책은 매우 실제적입니다. 아직 자기 의사 표현도 정확하지 않은 어린 유아들이 처음 교회에 왔을 때 교사가 무엇을 준비해 놓아야 할지를 먼저 말해 주며, 엄마 품에서 선생님 품으로 어떻게 인도함을 받을지를 먼저 시작해 줍니다. 또한 우리 아이들과 같이 찬양하는 법, 예배하는 법, 공과를 인도하는 법까지 매뉴얼을 주고 있습니다. 뿐만 아니라 행사를 준비하는 방법과 가정에서 부모와 연결하는 것까지 완벽하게 가이드를 제시해 주고 있습니다.

지금 교회에서 미취학부를 담당하는 교역자나 선생님들은 무조건 구입을 하시고 실천하신다면, 주일학교가 크게 성장하게 되리라 확신합니다.

_ 이정현 목사(청암교회 담임, 개신대학원대학교 겸임 교수)

들어가며 1

하나님과 아이들에게 사랑받는 행복한 주일학교 교사

다섯 살 첫째를 유아부 예배에 데려다주고 뒤돌아서는데 전도사님이 툭 던지신 한마디.

"윤이 어머니, 유아부 교사 같이 해보실래요? 잘하실 것 같은데요."
"네에? 저요? 주일학교 교사를 하라고요? 저는 아직…"

말꼬리를 흐리며 황급히 자리를 떴던 16년 전 기억이 아직도 생생합니다. 그 당시 아동가족학과 대학원 과정을 밟고 있었기에 '어? 내가 아동학 공부를 하고 있는 걸 아셨나? 아무에게도 말 안 했는데' 하며 뜨끔했습니다. 전도사님의 제안은 봉사 부서를 찾고 있던 제게 주일학교 교사로 섬기라는 기도 응답처럼 들림과 동시에 왜 달란트가 있는데도 여태 사용하지 않고 있느냐는 주님의 질책 같기도 했거든요.
하지만 이런저런 사정으로 주저하다 1년이 훌쩍 지나 버렸습니다. 그 사이 분리불안이 심하던 첫째 아이는 배려 깊고 따뜻한 선생님 덕분에 새 교회에 잘 적응했고, 주일학교 교역자와 모든 교사의 헌신과 섬김에 감동한 저는 그다음 해에 '1인 1봉사'를 주일학교 교사로 정하고 첫발을 내딛게 되었습니다.

하지만 매주 심방 전화, 공과 준비, 출석에 대한 책임감, 그리고 어린 아이들의 믿음의 멘토 역할과 사명감 등이 점점 부담이 되었어요. 고민하는 순간마다 어깨를 툭툭 쳐 주시던 전도사님, 함께 울고 웃어 주신 선생님들, 매 주일 내 품에 달려와 안긴 천사 같은 반 아이들, 무엇보다 준비 안 된 저를 끝까지 기다려 주신 하나님 덕분에 그 후로도 몇 년 동안 더, 행복한 주일학교 교사로 섬겼습니다.

"주일학교 교사 같이 해보실래요?"

여러분도 언제 어디서 부르심을 받을지 모릅니다. 하지만 절대 저처럼 당황하지 마세요. 아직 준비되지 않았다면 하나님이 충분히 기다려 주실 거예요. 이미 주일학교 교사인데 여전히 매 주일 당황스럽고 힘들다고요? 걱정 마세요. 아무런 준비 없이 열정 하나로 시작했던 저도 있으니까요. 좌충우돌 저희들의 주일학교 교사 경험과 오랜 기간 쌓아 온 아동학 박사 내공을 담은 이 책이 여러분의 든든한 길잡이가 되어 드리겠습니다.

— 신혜영

들어가며 2

막막한 주일학교 교사들에게 작은 도움이 되기를

"…근데 아이들이랑 만나서 처음에 뭐라고 얘기해요?"

스물여섯 살, 저소득층 교육중재프로그램 교사로 처음 유아들을 만나던 날이 기억납니다. 분명 준비물도 챙기고 활동 순서도 익혔는데 얼마나 막막하고 긴장이 되던지요.

'아이들이 오면 일단 내 앞에 모여 앉으라고 해야 하나? 내 말을 안 듣진 않을까? 책을 읽을 땐 목소리를 바꿔 가며 읽어 줘야 하나? 재미없어하면 어떡하지?'

잔뜩 걱정하며 던진 저의 질문에 교사 경력이 있는 선생님이 제 앞에서 간단히 수업 시연을 해주셨습니다. 아이들과 인사하고 선생님을 소개하는 법, 책을 안내하고 활동을 진행하는 법 등 짧은 시연이었는데도 참 많은 도움이 되었습니다.

'내일은 또 주일학교에서 애들이랑 어떻게 보내지?'

많은 시간이 흘러 아동학 박사가 된 지금, 주변에서 아이들을 더 잘 사랑하고 싶지만 방법을 알지 못해 토요일 밤마다 마음에 부담을 느끼시는 주일학교 선생님들을 볼 때면, 작은 도움에도 큰 안도감을 느꼈던 그때의 제 마음이 떠오릅니다.

이 가이드북은 그날 저와 같은 막막함으로 처음 주일학교 유아유치부 교사를 시작하는 선생님, 또는 처음 유아유치부를 맡게 된 교역자분들을 위해 준비했습니다. 주일학교에서 아이들을 처음 맞이하는 법, 함께 찬양하고, 말씀을 듣고, 공과 공부를 진행하는 법, 가정과 소통하고 행사를 준비하는 법까지 주일학교에서 경험하게 되는 다양한 상황에서 아이들을 어떻게 이해하고 대해야 할지를 아동학 전공 지식과 그간의 경험을 녹여 구성했습니다.

이 책이 선생님들에게도, 아이들에게도 한 주간 주일학교가 정말 기다려지는 즐겁고 행복한 시간이 되도록 하는 데 실제적인 도움이 되기를 기대합니다.

— 신보원

1부

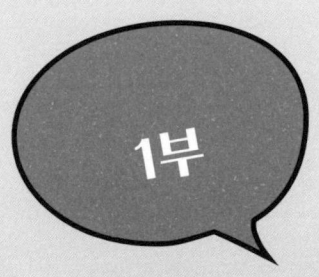

알게 되면 보입니다

유아를 이해하는 4가지 기본 원칙

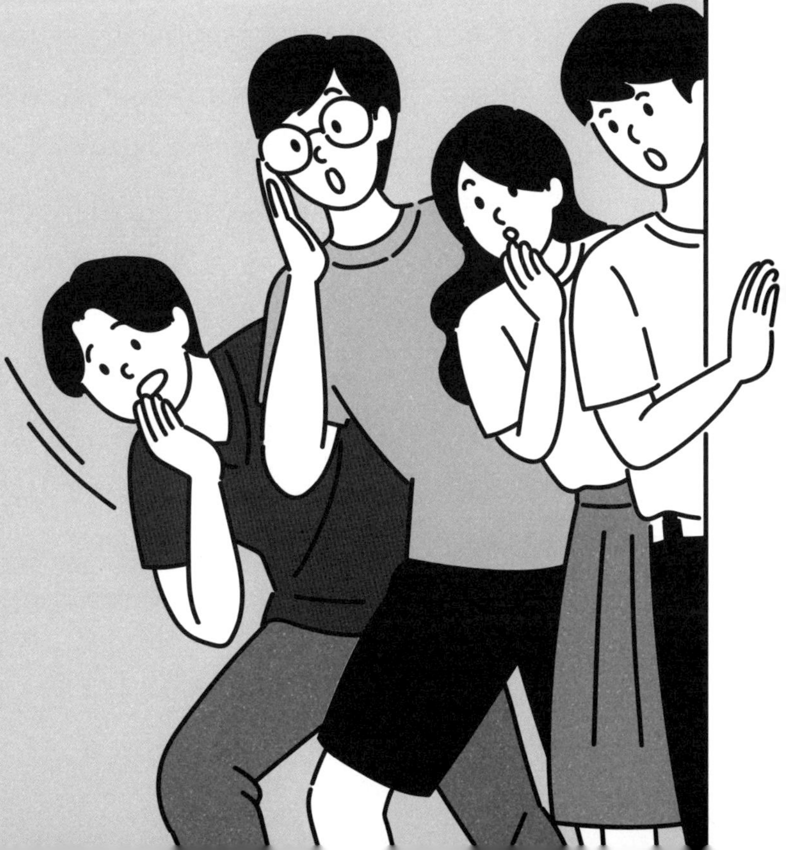

"사랑하면 알게 되고 알게 되면 보이나니, 그때 보이는 것은 전과 같지 않으리라."[1]

『나의 문화유산답사기 1권』에서 유홍준 교수님이 조선 정조 때 문장가 유한준의 글을 인용해 쓴 글입니다.

우리 아이들은 참 사랑스러운 존재입니다. 하지만 한편으로는 많은 어려움을 안겨 주고 또 고민하게 하는 존재이기도 하지요. 아무리 부드러운 말로 설득해도 찬양 시간에는 늘 드러눕는 아이, 반갑게 맞이해 주는데 눈도 마주치지 않고 예배 장소를 뛰어다니는 아이, 조용히 해야 한다고 알려 주어도 설교 시간에 끊임없이 질문을 던지는 아이….

많은 선생님이 유아유치부에서 아이들과 함께 예배하고 공과 공부를 진행하며 어려움을 경험하곤 합니다. 그러면서 그 원인을 "교사로서 내가 사랑이 없어서", 혹은 "아이들이 아직 미숙해서", "교사인 내 기도가 부족해서" 등으로 돌리는 모습을 보았습니다. 아니면 "이 시기가 무의미하게 느껴져도 아이들이 자라면 좋은 기억으로 남겠지요" 하며 문제 해결을 포기하는 분도 있지 않을까 싶네요.

교사로서, 또 아동학 공부를 하는 학자로서 많은 유아를 만나며 알게 된 점이 있습니다. 그건 유아들은 정말 매력적인 존재지만, 유아들의 특성(발달 수준)과 소통하는 방법을 알지 못하면 그 매력에 깊이 빠져들 수 없어 유아들에게도, 교사들에게도 함께하는 시간이 참 곤혹스러운 시간이 된다는 것입니다.

그러고 나니 앞에서 발견한 문장이 더 새롭게 다가오더군요. 어쩌면 지금 유아유치부에서 경험하는, 혹은 앞으로 경험하게 될 어려움은 교사인 우리의 사랑이 부족해서가 아니라 '알지 못해서' 생기는 일이 아닐까요? 유아들을 사랑하려면 '알기 위해 노력하는 일'이 함께 이루어져야 하지 않을까요? '알고 나면' 유아들이 이전과는 다른 모습으로 다가오지 않을까요?

이 책은 유아들을 사랑하는 마음으로 그들과 함께 예배드리기를 결심한 선생님들을 위해 쓰였습니다. 주일 아침 유아유치부에서 아이들을 맞이하고, 함께 찬양하고, 말씀을 듣고, 공과 공부를 하고, 다양한 교회 행사들을 진행할 때 볼 수 있는 유아들의 모습과 그때 교사가 활용할 수 있는 상호 작용 방법을 상세히 담아냈습니다.

이 책에 담긴 기본적인 원칙은 모두 4가지입니다.

원칙 1. 유아기는 지식이 아닌 태도를 기르는 시기다

현재 우리나라 어린이집과 유치원의 보육·교육 과정인 '누리과정'의 목표를 볼까요?

> **누리과정의 목표**
> - 자신의 소중함을 알고 건강하고 안전한 생활 습관을 기른다.
> - 자신의 일을 스스로 해결하는 기초 능력을 기른다.
> - 호기심과 탐구심을 가지고 상상력과 창의력을 기른다.
> - 일상에서 아름다움을 느끼고 문화적 감수성을 기른다.
> - 사람과 자연을 존중하고 배려하며 소통하는 태도를 기른다.[2]

자세히 보면, 누리과정의 목표에는 '~(을)를 안다/배운다'보다 '~(을)를 기른다'라는 표현이 많이 포함되어 있습니다. 왜일까요? 유아기는 정보와 지식을 최대한 많이 배워야 하는 시기가 아니라, 무언가를 '배우기 위한 태도를 기르는'(learn to learn) 시기이기 때문입니다.

교회에서 유아유치부의 목표 역시 하나님과 예배와 공동체를 알아 가기 위한 '태도'를 기르는 데 둘 필요가 있습니다. 발달 수준에 맞는 경험을 통해 '하나님의 사랑은 참 좋은 거야', '찬양은 즐거워', '말씀은 재미있어', '교회는 즐거운 곳이야' 등과 같은 기본적인 태도, 즉 앞으로 믿음이 성장해 나갈 수 있는 발판을 견고히 하는 시기라고 보아야 하는 것이지요.

원칙 2. 유아들에게는 배우고자 하는 힘이 있다

미국유아교육협회(NAEYC)에서는 『발달에 적합한 실제』(*Developmentally Appropriate Practice*)에서 유아기 아이들에 대해 이렇게 말합니다.

- 지식은 빈 용기에 채워지는 것처럼 아동에게 부어지는 것이 아니다.
- 아동은 사물, 사람과 즐겁게 상호 작용을 하면서 자신이 살고 있는 물리적, 사회적 세계에 관한 지식을 습득한다.
- 아동은 세상에 대해 알고자 하는 내적 욕구에 의해 이미 동기화 되어 있기 때문에 학습하도록 강요할 필요는 없다.[3]

너무 어렵나요? 쉽게 말해, 유아기 아이들에게는 자발적으로 배워 가고자 하는 태도가 이미 마음에 담겨 있어서 억지로 알려 주지 않아도 주변 환경과 사람들을 열심히 관찰하고 느끼고 대화하며 많은 것을 배워 갈 수 있다는 뜻입니다.

그에 반해 유아들과 함께하는 우리 어른들은 'TTT'(Temptation to Tell)를 가지고 있습니다. 'TTT'란 유아들의 속도보다 앞질러 '무엇인가를 가르쳐 주고 싶은 유혹'을 의미합니다.[4] 선생님들이 'TTT'를 이기지 못하면 유아들은 내면에 담긴 자발적으로 배워 가고자 하는 힘을 발휘할 기회를 얻지 못하게 되지요.

과장된 목소리나 지나치게 열정적인 자세로 유아들을 압도하지 않는 것, 너무 많은 도움을 주어서 유아들이 스스로 할 수 있는 기회를 빼앗지 않는 것, 즉 유아들의 속도에 발맞추어 함께 가는 것, 이것이야말로 유아들의 배우고자 하는 힘을 길러 주는 데 필요한 핵심입니다.

원칙 3. 유아들은 놀이를 통해 배운다

유아기 아이들이 놀이를 통해 배운다는 것은 많이 들어서 알고 있을 것입니다. 그런데 진정한 의미에서 놀이란 무엇일까요? 즐겁고 재미있기만 하면 놀이라고 할 수 있을까요? 놀이를 진짜 놀이로 만드는 요소에는 즐거움 외에도 자발성, 주도성, 융통성이 있습니다.

놀이의 핵심 요소
- 자발성
- 주도성
- 융통성
- 즐거움

유아들이 무언가를 해보고 싶다는 자발적인 동기로 시작해서, 주도적으로 그 과정을 끌어 갈 때, 정해진 답으로 결과를 판단받지 않을 때 즐거움은 자연스럽게 따라오게 되고 그때야말로 진짜 놀이를 했다고 할 수 있습니다. 교회에서 유아를 대상으로 하는 신앙 교육 역시 놀이를 중심으로 하는 것이 중요합니다. 선생님이 주도하는 활동에 참여하며 재미를 느꼈으면 충분한 것이 아니라, 자발적이고 주도적으로 참여해 유아 자신에게 의미 있는 경험이 되도록 도와야 합니다.

자발적이고 주도적으로 예배에 참여하는 아이들이라니, 정말 꿈같은 이야기네요. 어떻게 하면 우리 주일학교 예배를 그런 예배로 만들 수 있을까요? 맛있는 간식과 칭찬 박수면 가능할까요?

유아들이 유아유치부에서 이루어지는 예배와 활동에 자발적이고 주도적으로 참여하게 하려면 다음과 같은 노력이 필요합니다.

- 가능한 한 많은 선택권 주기
- 너무 어렵거나 너무 쉽지 않아서 '나도 해보고 싶다'는 마음 들게 하기
- 결과에 대한 평가는 최소한으로 하기

이런 경험들이 충분히 반복되어야 자발적이고 주도적인 태도가 유아들에게 길러질 수 있습니다. 이에 대해서는 2부에서 주일학교 순서에 따라 좀 더 구체적으로 다루겠습니다.

원칙 4. 기본 생활 습관은 놀이와 구분된다

하지만 모든 활동을 놀이로 인정해 줄 수는 없습니다. 첫째, 유아가

다칠 수 있는 위험한 행동, 둘째, 다른 사람을 불편하게 하는 행동은 단호한 태도로 알려 주어야 합니다.

예를 들어 볼까요? 찬양 시간에 "모두 자리에서 일어나세요"라고 했는데 일어나지 않는 아이가 있다면 어떻게 해야 할까요? 다음 두 가지 질문에 대해 생각해 보세요.

- "위험한가요?" → "No."
- "다른 사람을 불편하게 하나요?" → "No."

이 상황에선 지도보다 개별 배려가 필요합니다. 즉 유아가 쑥스러움이 많거나 시끄러운 환경이 낯설고 불편해 자리에서 일어나지 않는 상황일 수 있습니다. 이럴 땐 참여를 강요하기보다 차분한 목소리로 "어? 지금은 일어나서 찬양하는 시간인가 봐. ○○(이)도 선생님이랑 한번 일어나 볼래?" 하고 알려 주거나, "선생님은 일어나서 따라 해 봐야겠다. ○○(이)도 하고 싶으면 일어나 보자"라고 다정하게 알려 주면 됩니다.

한편, 말씀 시간에 소리를 지르거나 예배당에서 이리저리 뛰어다니는 아이가 있다면 어떻게 해야 할까요? 역시 두 가지 질문에 답해 보세요.

- "위험한가요?" → "Yes."
- "다른 사람을 불편하게 하나요?" → "Yes."

이때는 유아의 자발성을 존중해 주고 실컷 놀이할 수 있도록 기다려 주기보다는 단호하게 알려 주어야 합니다. "○○(아)야, 지금은 말씀을 듣는 시간이야. 소리를 지르고 뛰어다니면 예배드리는 다른 친구들이 너무 불편하대. 그리고 뛰어다니다가 여기 있는 물건들에 부딪쳐서 다칠 수도 있어"라고 말해 주세요. 그리고 바람직한 행동과 대안을 가르쳐 줍니다. "지금은 소리 지르고 뛰고 싶어도 참고 조용히 앉아서 말씀을 듣는 시간이야. 그렇지만 예배가 끝나면 밖으로 나가서 신나게 뛸 수 있어. 지금은 앉아 있자"라고 말할 수 있어요.

단, 이 경우 교사가 유아와 어느 정도 친밀한 관계가 형성되어 있어야 합니다. 또한 대화가 길어진다면 다른 유아들 앞에서 계속 주의를 주기보다는 함께 예배 장소 뒤편으로 가거나 잠시 밖에 나가 이야기를 나누고 들어오는 것이 좋습니다.

자, 그러면 이제 4가지 원칙, 즉…

- 원칙 1. 유아기는 지식이 아닌 태도를 기르는 시기다.
- 원칙 2. 유아들에게는 배우고자 하는 힘이 있다.
- 원칙 3. 유아들은 놀이(자발성, 주도성, 융통성, 즐거움)를 통해 배운다.
- 원칙 4. 기본 생활 습관은 놀이와 구분된다.

이 원칙들을 가지고 주일학교 교사가 유아유치부에서 만나게 될 유아들과의 첫 만남, 찬양, 예배, 공과 준비 및 주일학교 행사, 가정과의 소통 등 주일학교 상황별 가이드를 차례로 살펴보겠습니다. 순서대로 읽어도 좋고 당장 내게 필요한 가이드를 먼저 읽어도 좋습니다.

2부
주일학교 상황별 가이드

준비하기

두근두근 첫 만남을 기다리며

주일학교 교사로 부르심을 받고 드디어 새 학기 첫날이 되었습니다. 아이들을 만날 생각에 설레고 떨리고 긴장했던 기억이 납니다.

'어떤 아이들이 올까? 나를 좋아해 줄까? 아빠, 엄마랑 헤어지기 싫다고 막 울면 어떡하지? 내가 잘할 수 있을까?'

아마 여러분의 마음도 저랑 비슷하겠지요? 하지만 우리를 이곳으로 부르신 분이 하나님이심을 기억하며, 하나님께 온전히 맡기며 나아가길 원합니다. 그럼 이제 함께 주일학교 교사로서 첫발을 내디뎌 볼까요?

1. 유아들의 명단을 받아 들고 이름을 부르며 기도합니다

선생님이 1년 동안 맡게 될 반 아이들의 명단을 건네받은 후 가장 먼저 해야 할 일은 기도입니다. 기도 시간을 통해 이 아이들이 일주일에 한 번, 한 시간 남짓 잠깐 만나고 헤어지는 동네 아이들이 아니라, 하나님이 1년 동안 잘 돌보라고 보내 주신 소중한 나의 자녀임을 깨닫게 됩니다.

한 명, 한 명의 이름을 불러 가면서 하나님 앞에서 맡겨진 청지기로서의 사명을 잘 감당하겠다고 다짐해 보세요. 두 자녀를 키우고 있는 저의 경우 이렇게 기도했던 기억이 납니다.

> "하나님, 올해 제게 5명의 아이들을 더 맡겨 주셔서 모두 7명의 자녀들을 둔 대가족을 이루게 하심을 감사합니다. (아이들 한 명, 한 명의 이름을 부르면서) 이 자녀들이 하나님을 믿는 믿음 안에서 영육 간에 강건하게 자라날 수 있도록 항상 깨어서 기도하는 엄마, 지혜로운 주일학교 선생님이 되기를 소망합니다. 예수님의 이름으로 기도합니다. 아멘."

참, 아직 우리 반 아이들의 얼굴은 모르지만 이름을 미리 외워 두어 첫날 반갑게 이름을 부르며 맞이해 주는 건 기본 센스겠지요?

2. 아이들의 이름표와 꾸밀 재료를 준비합니다

아이들을 맞이하기 위해 목걸이 이름표를 준비해 주세요. 아이들의 이름을 잘 기억하려는 이유도 있지만, 매 주일 하나님께 예배를 드리기 위해서 모이는 우리 반 아이들에게 목걸이(이름표)를 하나씩 걸어 주면서 "○○(아)야, 어서 와. 반가워" 하고 맞이하는 작은 환영 의식이라고도 할 수 있어요.

규모가 작은 교회는 아이들 수가 많지 않아서 이름표를 사용하지 않는 경우도 많은데, 한 가지 팁을 드릴게요. 유아들과 만나는 첫날은 선생님이 긴장해서 아이들의 이름을 다 기억하지 못할 수도 있으니 일회성으로 사용할 수 있는 스티커 이름표를 준비해 보세요. 유아기는 붙였다 뗐다 하는 스티커 놀이를 좋아하는 시기예요. 따라서 첫 만남에서 교사가 예쁜 이름표 스티커를 옷 위에 붙여 주는 것만으로도 주일학교가 재미있는 곳이라는 느낌을 줄 수 있을 거예요.

이렇게 아이들의 옷 위에 스티커 이름표를 붙여 주거나 목걸이 이름표를 걸어 주면 아이들과의 설레는 첫 만남에서 이름을 까먹거나 잘못 부르는 실수는 하지 않겠죠?

목걸이 이름표를 1년 동안 계속 사용하는 교회의 경우에는 첫째 날 공과 시간에 색연필, 스티커 등 꾸미기 재료를 준비해서 아이들과 함께 이름표 꾸미기 놀이를 해보는 것도 좋습니다. 매주 사용하는 평범한 목걸이 이름표와 다르게 내가 직접 꾸민 이름표라면 아이들이 1년 동안 소중하게 다루게 될 거예요.

3. 부모님의 연락처를 저장한 후 전화나 문자로 인사를 드립니다

주일학교에 아이들이 배정되고 담임 선생님에게 명단이 전해질 때 보통은 부모님의 연락처도 같이 전달됩니다. (교회마다 달라 연락처 없이 이름만 전달받을 수도 있어요. 이때는 첫 주일학교 예배 후 부모님의 동의를 구하고 연락처를 받습니다.)

전달받은 연락처를 핸드폰에 저장해 두고 일대일로 전화나 문자로 인사를 드려요. 부모님도, 아이도 첫 예배에 대한 기대감과 교사에 대한 신뢰감을 갖게 될 거예요. 부모님의 동의를 구한 후 반 아이들의 부모님들을 대상으로 단톡방을 개설해도 좋습니다. 주요 공지 사항과 기도 제목 등을 단톡방에 공유하며 가정과의 소통 창구로 활용하면 선생님과 부모님 간 신뢰가 더 끈끈해질 수 있답니다. 다음 예를 참고하세요.

> ○○(이) 부모님, 안녕하세요.
> 올해 ○○교회 유아유치부 사랑반 담임을 맡게 된
> ○○○ 교사입니다.
>
> 믿음의 공동체로 만나게 되어
> 정말 행복하고 감사합니다.
> 올 한 해 최선을 다해
> 사랑반 아이들을 위해 기도하고 섬기겠습니다.
>
> 제 연락처는 010-××××-×××× 입니다.
> ○○(이)에 대해 제가 알고 있으면 좋은 정보나
> 기도 제목이 있으면 보내 주세요.
>
> 다음 주일에 ○○(이)와 함께 유아유치부에서 뵙겠습니다.
> 평안한 한 주 되세요. ^^

4. 주일학교 운영 안내문과 신상카드를 준비합니다

부모님께 전화나 문자로 첫 인사를 했다면, 주일에 사용할 주일학교 운영 안내문과 아이의 신상카드를 미리 준비해 주세요. 운영 안내문에는 유아유치부 예배 시간과 교역자 소개, 소통을 위한 SNS 주소, 주요 행사 등의 내용을 담습니다. 보통 가정통신문의 형태로 지면으로 배부되거나 온라인 앱을 통하여 전달됩니다. 교회에서 교역자나 부장 선생님이 매주 준비하시겠지만 교사가 미리 내용을 확인해 보고 우리 반 부모님들에게 빠짐없이 전달되도록 해주세요.

다음으로 신상카드 준비인데요, '주일에만 잠깐 만나는 아이들인데 무슨 정보가 더 필요해?'라고 생각하기보다 '아이들에 대해 더 잘 알고, 아이들을 더 잘 돌보기 위해 어떤 정보가 필요할까?'라는 관점으로 바꿔 보세요. "사랑하면 알게 되고 알게 되면 보이나니, 그때 보이는 것은 전과 같지 않으리라"라고 이 책 1부에서 했던 말 생각나시나요? 아이들에 대해서 더 알게 되면 더 많이 보이게 되고, 더 많이 관심이 생기고 사랑하게 되거든요.

그렇다면 우리 반 아이들에 대해서 미리 알고 있으면 도움이 될 만한 정보는 무엇일까요? 아이의 생일, 형제 및 가족 관계, 기질, 음식 알레르기, 병력이나 건강 상태, 기도 제목, 가족의 신앙력 등입니다. 특히 음식 알레르기나 건강 상태 등은 아이의 웰빙과 직결된 문제이므로 반드시 파악이 필요한 부분이며, 가족의 신앙력은 아빠, 엄마 모두 교회에 출석하지 않는 경우라면 이후 아이들의 예배 출석, 심방 전화 등에 영향을 끼칠 수 있으니 미리 파악해 두는 것이 좋습니다.

유아유치부 부서에 신상카드가 별도로 준비되어 있지 않더라도 선생님이 개별적으로 부모님과의 일대일 문자를 통해서 아이의 신상에 대한 정보를 확인할 수 있으니 꼼꼼하게 챙겨 보시길 바랍니다.

5. 앞서 한 주 동안 주일 말씀을 묵상하며 공과를 미리 준비합니다

아마도 첫 예배를 드리기 전에 교사들을 위한 기도회, 교사 워크숍 등을 통해 공과 교재를 전달받고 교사의 역할에 대해 숙지하는 시간을 가졌을 거예요. 이때 받은 공과 교재를 통해 주일 설교 말씀이 무엇인지, 아이들과 어떤 소그룹 나눔을 할지에 대해 알게 됩니다.

1년 동안 드리게 될 예배를 머릿속에 그려 본 후 말씀을 묵상하고, 공과도 미리 준비하세요. 유아유치부 공과의 경우 공과 교재에 수록된 자료들을 참고해 접고 자르고 붙이는 활동이 대부분이에요. 물론 그 외 간단한 재료들이 추가되기도 합니다. (공과 준비에 대한 구체적인 내용은 5장을 참고하세요.)

보통 주일학교 예배 시작 30분 전 주일학교 교역자, 교사, 스태프들이 다 함께 모여서 기도회를 갖습니다. 기도로 예배를 준비하는 시간이자 담당 교역자의 설교 말씀의 포인트, 공과 안내, 주요 광고 사항을 미리 공유하는 소통의 시간이기도 하지요.

그런데 간혹 이 시간에 집중하지 못하는 선생님들이 있어요. 공과 교재를 펼쳐 놓고 허둥지둥 공과 교구를 만드는 몇몇 교사들이 있거든요. 우리는 그러지 않기로 해요. 약속~!

6. 어린양을 돌보는 사랑 많은 목자, 성실한 교사가 되겠노라 스스로 다짐합니다

아이들을 위해 기도도 했고, 말씀 묵상도 했고, 공과 준비도 마쳤고, 부모님들에게 전화나 문자로 인사도 드렸어요. 그럼 이제 아이들과의 첫 만남 준비가 다 끝난 것 같지요? 가장 중요한 한 가지가 남았습니다. 바로 마음가짐입니다. 이렇게 스스로 다짐해 보세요.

"올 한 해 아이들을 따뜻한 품으로 안아 보살피고 돌보는 사랑이 많은 목자가 되겠습니다. 결석하지 않는 성실한 주일학교 교사가 되겠습니다!"

주일학교 교사로서의 첫걸음, 너무 부담스럽고 무겁지도 않아야 하겠지만 '그냥 하면 되지. 힘들면 쉬엄쉬엄하지 뭐' 하며 너무 가벼운 마음을 가져서도 안 된다고 생각해요. 아이들은 매주 반짝반짝 빛나는 눈으로 '우리 선생님'을 찾을 거니까요. 선생님은 그 아이들 한 명, 한 명에게 사랑을 나눠 줄 준비가 되어 있어야 합니다. 주일학교 선생님인 나는 어린양들을 먹이고 돌보는 목자라는 책임감을 가져 보세요.

에피소드 1

저희 아이들이 3살, 5살 때였어요. 겨울 방학 동안 잠깐 아이들을 데리고 지방에 있는 친정을 방문했어요. 경기도에 있는 교회에서 주일학교 새내기 교사로 섬기던 저는 친정에 머무는 기간이 길어지자 맡고 있던 주일학교 반 아이들의 얼굴이 떠오르기 시작했어요. 이제 막 4살이 된 영아들이었고, 학기 초 적응 기간이어서 그나마 익숙해진 담임 선생님이 없으면 울면서 찾았거든요.

그래서 저는 두 아이들을 친정 가족들에게 부탁하고 토요일 저녁 4-5시간 걸려 집으로 돌아왔어요. 그리고 다음 날 주일학교에 출석했지요.

저희 아이들이 웃으면서 엄마에게 잘 다녀오라고 손도 흔들어 줘서 안심했는데, 주일학교 예배 후 다시 친정에 갔더니 아이들이 엄마를 찾으면서 밤새 울었다고 하더라구요.

저도 잠시 잊고 있었던 15년 전 일인데, 얼마 전 80세가 되신 친정 엄마가 그때 당신이 우는 손주들을 달래느라 엄청 힘들었다면서 이 이야기를 들려주셨어요. '아, 내가 그때 그런 열정과 책임감이 있었구나' 하며 스스로 대견하기도 했고, 뒤늦게 두 아이들에게 미안한 마음이 들었답니다 "윤이야, 승헌아, 그때 미안~."

맞이하기

한 명, 한 명 편안하게 맞이해요

아무도 아는 사람이 없는 파티장에 혼자서 들어간다고 상상해 보세요. 다들 신나서 노래 부르고 춤을 추느라 내가 왔다는 사실을 아무도 모르는 것처럼 보입니다. 누구에게 말을 걸어야 할지도 막막합니다. 이런 상황이라면 여러분은 어떤 기분일 것 같나요? 살짝 당황스럽기도 하고, '괜히 왔구나' 싶은 생각이 들거나, 어색함을 넘어 살짝 무서워질 수도 있을 거예요. 그런데 그 순간, 누군가 내게 다가와서 따뜻하고 친절한 목소리로 자기를 소개하고 인사를 건네네요. 맛있는 음식도 권하고 함께 즐거운 시간을 보내자고 합니다. 그때 느껴지는 안도감, 상상이 되나요?

다수의 모르는 사람들과 낯선 공간에서 오롯이 혼자서 한 시간 동안 예배를 드려야 하는 우리 유아유치부 아이들의 마음도 바로 이럴 거예요. 집이 아닌 다른 공간에서, 전적으로 의지하던 부모님이 사라진 상황에서 아이들에게 빠르게 안정감을 주는 방법! 그것은 바로 아이들에게 조용히 다가가서 '넌 혼자가 아니야. 이곳에서는 내가 너를 돌봐 줄 거야'라는 안정감과 믿음을 주는 것이랍니다.

이 장에서는 주일학교를 처음 찾아온 우리 아이들을 편안하게 맞이하는 방법들에 대해 알아보겠습니다.

1. 편안한 예배당 분위기를 준비하고 주변을 정리해요

아이들이 오기 전 미리 예배당을 둘러보고, 창문을 열어 환기시키고, 적절한 온도인지 확인합니다. 아이들을 맞이해 주는 밝은 음악을 틀어 놓아요. 밝지만 너무 들뜨거나 흥분시키지 않도록 예배 준비를 돕는 차분한 음악이 좋습니다.

미리 준비해 온 공과 교재는 바구니에 담아 한쪽에 두세요. 나중에 가방에서 꾸깃꾸깃 구겨진 공과 교재와 교구들을 꺼내지 않도록 주의해 주세요.

참, 복장은 어떻게 해야 할까요? 일반적으로 주일학교 선생님들은 앞치마를 많이 착용합니다. 무엇보다 유아들의 눈에 잘 띄어 한눈에 선생님임을 알아볼 수 있고, 위생상의 이유로도 좋고, 또 앞주머니에 펜이나 손수건, 화장지 등을 넣을 수 있어 보관과 접근성이 용이하다는 등 장점이 많거든요. 또 유아유치부에서는 주로 바닥에 앉아서 아이들과 예배를 드리고, 율동을 하며 앉았다 일어나기를 반복하는 등 활동량이 많기 때문에 너무 짧거나 불편한 복장은 피하는 것이 좋습니다.

또한 아이들을 맞이하려면 아이들보다 먼저 도착해 있어야 하는 것도 잊지 마세요. 지각해서 허겁지겁 예배당으로 뛰어 들어와 앞치마를 입는 둥 마는 둥 하는 모습은 곤란하겠지요?

2. 아이가 적응하도록 천천히 기다려 주세요

이제 예배 시간이 다가오네요. 부모님들과 아이들을 맞이해 볼까요? 먼저, 예배당 입구에서 아이들의 부모님에게 "올해 ○○(이) 담임을 맡게 된 ○○○입니다"라고 소개합니다. 1장에서 준비했던 주일학교 운영과 관련한 가정통신문을 나눠 드리고, 신상카드가 준비되어 있다면 부모님에게 드리고 작성하도록 합니다.

아이에게도 "안녕? ○○(아)야, 반가워요!"라고 가볍게 인사를 건네고, 부모님과 아이를 예배당 안으로 안내해 주세요. 주일학교에 처음 온 신입 유아의 경우 신발 벗는 곳, 겉옷을 걸어 두는 곳, 우리 반이 앉는 자리 등 자세하게 알려 주어 친숙해지도록 도와주세요.

아이들의 기질과 성향, 그리고 평소 부모님과 어떤 애착을 형성하고 있는지에 따라 쉽게 분리가 되는 경우와 그렇지 않은 경우가 있을 수 있습니다. 다음 〈애착의 유형 및 특징〉을 참고해서 우리 유아유치부 아이들의 애착 유형이 어떠한지를 살펴보는 것이 도움이 될 거예요.

전문가의 Tip <애착의 유형 및 특징>

'애착'이란 아이와 양육자 간에 형성되는 친밀한 정서적 유대감을 말합니다. 애착 형성 시기는 개인차가 있지만 대략 생후 6개월에서 24개월까지로 볼 수 있습니다. 발달심리학자 에인스워스(M. Ainsworth)는 '낯선 상황 실험'을 통해 어머니가 잠깐 아이와 떨어졌다가 돌아왔을 때 아이가 보이는 반응에 따라 안정형, 회피형, 저항형으로 애착 유형을 분류했습니다. 이렇듯 양육자가 아이의 안전기지, 즉 믿을 수 있는 대상이 되어 주느냐, 아니냐가 안정 애착과 불안정 애착을 구분하는 요소가 됩니다.

구분	특징
안정형 애착	· 양육자가 아이의 요구에 민감하게 반응하고, 안정적·일관적으로 상호 작용하는 경우에 형성됨 · 양육자와 떨어지면 울기도 하지만 돌아올 것을 아는 경우 곧 대안적인 위안을 찾고 안정적이며 활발하게 주변을 탐색함 · 타인과 협조적이며 긍정적인 모습을 보임 · 양육자와 재회할 때 반기며 품에 안겨서 쉽게 편안해짐
불안정 회피형 애착	· 양육자가 자기중심적이며, 지나친 자극을 주거나 강압적 태도로 대하는 경우에 형성됨 · 양육자와 분리되면 크게 불안해하지 않고, 특별한 반응을 보이지 않음, 주변 환경을 피상적으로 탐색함 · 양육자와 재회할 때 가까이 가지 않고 회피하거나 무시함

불안정 저항형 애착	· 양육자가 기분에 따라 과도한 애정, 또는 무관심과 짜증 등 변덕스러운 양육 태도를 보이는 경우에 형성됨 · 양육자와 분리되기 전부터 불안해하고 곁에서 떨어지지 않음, 양육자에게 매달려 애정을 갈구하고, 양육자와 분리되면 격렬한 분노 행동을 표현함 · 양육자와 재회할 때 강하게 접촉하거나 저항하는 등 양가적인 감정과 행동을 나타냄

안정형 애착을 형성한 아이들은 처음부터 무조건 부모님과 잘 떨어져서 혼자서 예배를 잘 드릴 거라고 오해를 하는 경우가 종종 있습니다. 물론, 부모님과 떨어졌다가 곧 다시 만나게 될 거라는 사실을 알게 되면 안정적으로 적응하게 되지요. 하지만 이 사실을 알게 되려면 안정 애착형 아이들 또한 부모님 대신 안정감을 느낄 수 있는 대안적인 위안이 필요해요. 교사가 바로 이 역할을 해주어야 합니다.

부모님에게서 아이를 성급하게 분리시키지 말고, 천천히 아이의 속도에 맞추는 것이 좋습니다. 가능한 한 새 학기에 신입 유아들을 위해서 2-4주간 주일학교 적응 프로그램을 가져 보세요. 새 학기 적응 프로그램 운영 여부는 교회마다 상황이 다르기 때문에 교회 운영 방침을 우선으로 따르되, 적응 프로그램이 없는 경우 유아들마다 개별적인 배려가 꼭 필요하다는 점을 기억하세요. 새 학기 적응 프로그램은 아이들이 유아유치부에 잘 적응하도록 도울 뿐만 아니라 부모님이 유아유치부 예배가 어떻게 이루어지는지를 경험해 보는 시간이기도 합니다.

만약 부모님과 분리가 잘되는 경우에도 최소 1-2주 정도는 부모님이 예배를 함께 드리면서 아이가 좀 더 편안한 상태에서 주변을 탐색하고 편안하게 적응할 수 있도록 해주는 것이 아이의 정서적 안정에 도움이 됩니다.

"우리 아이는 평소에 저랑 워낙 잘 떨어져서 오늘부터도 혼자서 예배를 잘 드릴 수 있어요"라고 말하고 예배 첫날, 아이를 주일학교에 맡기고 후다닥 떠나 버리는 부모님도 종종 있습니다. 이 경우에도 가능한 한 교사는 부모님이 1-2주 정도는 아이와 함께 유아유치부 예배를 드리도록 권하는 것이 좋습니다. 우리 교회의 주일학교 예배가 어떻게 이루어지는지, 교역자와 교사는 누구이며 어떤 역할을 하는지, 우리 아이가 예배 시간을 어떻게 보내는지, 아이와 한 반이 된 아이들은 누구인지 등에 관심을 갖고 함께 예배드리기를 권유해 보세요. 새 학기 적응 프로그램에 참여한 부모님과는 1년 동안 소통이 훨씬 잘된답니다.

3. 유아를 관찰하여 유형별로 다르게 맞이해요

첫 만남에서 선생님들은 반가운 마음에 하이 톤의 목소리와 큰 동작으로 다소 과도한 스킨십을 하면서 유아들을 맞이할 때가 있습니다. 분명 환영의 의미이겠지만 어떤 아이들에게는 부담이 되고 불안함을 더 증폭시킬 수도 있습니다. 우선, 유아유치부실에 들어오는 유아들의 눈빛, 행동, 말투 등을 잘 관찰해 보세요. 그리고 다음 중 어떤 유형에 속하는지 생각해 보고, 각 유형별로 다르게 맞이해 보면 어떨까요?

1) 위축된 아이

- 관찰한 아이의 모습
  - 울지는 않지만 잔뜩 긴장하고 위축되어 있다.
  - 말없이 주변을 조심스럽게 살핀다.

큰 소리로 "우리 친구는 이름이 뭐야? 몇 살이지?" 등 유아에게 질문을 하면서 답변을 요구하기보다는 톤을 낮추고 차분한 목소리로 다가가세요. 이 유형의 유아들은 낯선 사람이 말을 걸면 더 위축되어서 입을 다물어 버린답니다. 따라서 가능한 한 개별적으로 접근하는 것이 좋습니다. 예를 들어 이렇게 말해 주세요.

> "○○(아)야, 안녕? 나는 ○○○ 선생님이라고 해. 아빠, 엄마가 예배드리는 동안 ○○(이)랑 유아유치부에서 예배도 드리고, 맛있는 간식도 먹고, 친구들과 재미있게 놀기도 할 거란다."

인사 후에는 가능한 한 친절하게 대하고, "너무 서두르지 않아도 돼. 보기만 해도 괜찮아"라고 미리 알려 줘서 편안함을 느끼게 해주세요. 다른 교사나 아이들의 모습을 관찰하다가 스스로 하고 싶을 때 천천히 참여할 수 있도록 기다려 주세요.

2) 과행동을 보이는 아이

- 관찰한 아이의 모습
  - 과한 몸동작을 보이며 여기저기 뛰어다닌다.
  - 예배 장소 안에 있는 물건들을 과격하게 만진다.
  - 큰 목소리로 교사에게 이것저것 아는 척을 하며 다닌다.

사실 이런 유형의 아이도 자신만의 방식으로 낯설고 어색한 마음을 표현하는 중입니다. 과행동을 하도록 내버려 두거나 그 템포에 휩쓸려 교사가 함께 하이 톤으로 말하거나 엄하게 야단치지 않도록 주의해 주세요. 그리고 아이를 따라다니며 행동을 제지하기보다 교사가 먼저 자리를 잡고 아이가 직접 해볼 수 있는 무언가로 시선을 전환시켜 행동이 차분해지도록 유도하세요. 예를 들어 이렇게 말해 주세요.

"와! ○○(이)가 기분이 무척 좋은가 보구나. 우선 겉옷을 한번 벗어서 정리해 볼까? 여기는 겉옷을 걸어 두는 곳인데 ○○(이)는 어떤 색깔 옷걸이에 옷을 걸고 싶어? (기다리기) 아, 초록색을 골랐구나. ○○(이)가 직접 걸어 볼 수 있을까? 선생님이 기다려 줄게."

아이는 아마 옷을 정리한 뒤 다시 뛰어가려고 할 거예요. 그럴 땐 또다시 유아가 혼자서 할 수 있는 일들을 한두 개 더 알려 주면 좋습니다.

"여기 주일학교 예배에 처음 온 친구들에게 붙이라고 이름표가 있네? 그런데 ○○(이) 이름은 어디 있을까? 선생님은 못 찾겠는데…
(유아가 찾으면 활짝 웃으며) 와! 거기 있었네. 선생님은 이름표를 여기 가슴에 붙였는데 ○○(이)는 어디에 붙이고 싶어?"

유아가 직접 해보도록 기회를 주고, 고를 수 있는 선택권을 주며, 예배당이 어떤 곳이고 처음 오면 어떻게 해야 하는지 상황을 자세히 알려 주세요. 과행동을 보이는 아이가 느낄 수 있는 어색함을 줄여 주는 것이 필요합니다.

3) 익숙하게 들어오는 아이

- 관찰한 아이의 모습
  - 아빠, 엄마와 떨어져서 편안한 표정으로 들어온다.
  - (위축해서 경계하듯 살펴보는 아이와 달리) 익숙한 듯 주변을 살펴본다.

기질적으로 불안도가 낮고 외향적인 아이거나 애착이 안정적으로 형성되어 부모님과 잠시 떨어져서 시간을 보내는 것에 익숙해진 경우라고 볼 수 있습니다.

교사는 반갑고 친근한 목소리로 가벼운 스킨십(안아 주기)을 하면서 맞이해 주세요. 하지만 아이가 너무 부담을 갖지 않도록 직접적으로 아이에 대해서 질문하기보다는 아이가 입고 있는 옷이나 가지고 온 물건 등에 관심을 보이며 접근해 보세요. 예를 들어 이렇게 말하며 다가가세요.

"○○(아)야, 안녕? 반가워. 공룡이 그려진 옷을 입고 있구나. 여기 앉아서 같이 예배드릴 건데, ○○(이)는 예배(기도, 찬양 등)드려 본 적 있니?"

Q&A

Q: 아이가 유아유치부 예배에 좋아하는 장난감을 가지고 왔어요. 예배당에 가지고 들어오지 못하게 하면 아이가 울 것 같고, 가지고 들어오게 하면 예배 중에 계속 가지고 놀 것 같은데 어떻게 해야 할까요?

A: 유아기 아이들은 자신이 좋아하는 물건을 어디든지 가지고 다니는 특징이 있습니다. 보통 '애착 물건'이라고 부른답니다. 예배에 크게 방해가 되지 않는 물건이라면 아이가 적응하는 기간에는 가지고 있게 해주세요. 그러다 차츰 안정되면 "○○(아)야, 오늘은 곰돌이를 바구니에 놓고 예배드려 볼 수 있을까?"라고 물어보세요. 무조건 이렇게 하자고 교사 주도적으로 일방적으로 지시하기보다 아이 스스로 결정해서 행동할 수 있도록 의견을 묻고 천천히 기다려 주세요.

4. 예배 시작 전까지 어떻게 기다리나요?

예배당에 들어오는 아이들 한 명, 한 명의 기질과 성향, 특징을 관찰해 따뜻하게 잘 맞이해 주었나요? 하지만 그것도 잠시, 새로운 장소에서 예배가 시작되기 전까지 그 시간은 어른도 마찬가지지만 아이들에게는 정말 어색한 시간이 될 수 있습니다. 부모님이 보고 싶다고 하거나, 다시 예배 장소를 뛰어다니기도 하고, 선생님이 잠시 자리를 비운 사이 혼자 남겨진 유아가 울음을 터트리기도 하지요. 하지만 이 시간을 잘 보내면 아이들과 보다 가까워지는 기회로 만들 수 있어요. 다음의 방법들을 잘 활용해 보세요.

1) 간식 먹기

예배당에 들어와서 옷 정리를 하고 나면 찬양이 시작되기 전 유아들과 자리에 앉아 차분히 예배를 준비해야 합니다. 돌아다니는 아이들을 일단 자리에 앉히기 위해 사용할 수 있는 가장 쉬운 방법은 간식이에요. 교회마다 다르겠지만, 예배 전에 함께 간식을 먹고 바로 주일학교 예배가 시작되는 경우도 있어요. 간식이 제공되지 않는다면, 크기가 작은 유기농 캐러멜처럼 아이들이 한 입에 쏙 넣기 좋은 간식을 교사가 별도로 준비하면 좋아요.

2) 그림책 함께 읽기

간식을 다 먹은 아이들 중 몇몇은 벌떡 일어나 돌아다니고 싶어 할 거예요. 그럴 때는 준비해 둔 그림책을 펴서 함께 읽어 보세요. 시시하고 재미없는 그림책은 아이들의 마음을 사로잡는 데 어려움이 있겠지요? 읽어 주는 방법도 중요하지만, 아이들의 흥미와 연령 발달에 적합한 그림책을 선택하는 것이 우선입니다.

〈연령별, 주제별 추천 도서〉 몇 권을 소개해 드릴 테니 참고해 보세요. 이 책들은 공과가 끝나고 부모님이나 양육자를 기다리는 귀가 시간에 다시 읽어 주어도 좋습니다.

보통 아이들은 유아유치부에 올 때 부모님이 준비해 주신 헌금을 가지고 오는 경우가 많습니다. 행여 지폐를 바닥에 떨어뜨릴까 봐 손에 꼭 쥐고 오거나 정성스럽게 봉투에 담아서 들고 오지요.
아이들은 예배 중에도 손에 든 이 헌금에 계속 신경이 쓰여 꼼지락거리는 경우가 많아요.

제가 섬겼던 교회 유아유치부 예배실 입구에는 헌금함이 놓여 있었어요. 아이들이 도착하면 교사가 헌금함 앞에 같이 가서 아이를 꼭 끌어안고, 아이의 손을 잡고, 아이가 직접 헌금함에 헌금을 하도록 도와주었습니다. 그때 교사가 감사의 마음을 담아 기도하는데, 그 시간이 참 은혜롭고 따뜻했던 기억이 납니다.

"하나님, 우리 사랑하는 ○○(이)가 하나님께 예배를 드리러 기쁘게 달려왔어요. 정성스럽게 헌금도 준비해 와서 하나님께 드립니다. 이 헌금이 우리 주변의 이웃들을 돌보고 하나님 말씀을 전하는 데 사용되면 좋겠어요. 예수님의 이름으로 기도드립니다. 아멘."

찬양

할렐루야! 신나는 찬양 시간

　우리 교회 유아유치부의 찬양 시간을 떠올려 볼까요? 왁자지껄 어수선한 분위기 속에서 반주 소리와 함께 찬양이 시작됩니다. "여러분! 우리 모여 볼까요!" 찬양 선생님의 밝고 힘찬 목소리에 아이들이 하나둘 모여듭니다.

　혹시 유아유치부 찬양 시간 하면 그려지는 이상적인 유아들의 모습이나 분위기가 있나요? 찬양 선생님을 따라 큰 소리로 입을 모아 찬양하는 아이들, 틀리지 않으려고 집중하며 열심히 율동을 따라 하는 아이들, 그리고 그런 아이들을 흐뭇하게 바라보는 선생님들…. 만약 이런 모습만을 그리고 있다면, 아마도 선생님에게 유아들과 함께하는 찬양 시간은 꽤나 인내심을 테스트하는 시간이 될지도 모르겠습니다. 유아유치부에는 그렇지 않은 아이들이 많을 테니까요.

익숙한 듯 자신 있게 맨 앞에 앉는 아이들 외에도, 쑥스러운 표정으로 천천히 친구들을 따라 앉는 아이, 선생님 옆에만 딱 붙어 있는 아이, 예배 장소 뒤쪽에서 돌아다니거나 눕는 아이, 갑자기 엄마, 아빠나 물, 화장실을 찾는 아이 등 다양한 모습이 보이네요.

유아기 아이들과 함께 하나님을 찬양한다는 것은 무엇일까요? 유아들과의 찬양 시간을 짚어 보기에 앞서, 잠시 찬양의 의미부터 생각해 보았으면 합니다.

하나님은 인간에게 음악을 만들고, 표현하고, 함께 즐길 수 있는 능력을 선물해 주셨습니다. 그리고 우리 마음속에 인간을 지으신 창조주 하나님을 찬양하고자 하는 열망을 함께 담아 두셨습니다.

> "할렐루야 내 영혼아 여호와를 찬양하라 나의 생전에 여호와를 찬양하며 나의 평생에 내 하나님을 찬송하리로다"(시 146:1-2).

> "그의 모든 천사여 찬양하며 모든 군대여 그를 찬양할지어다 해와 달아 그를 찬양하며 밝은 별들아 다 그를 찬양할지어다 하늘의 하늘도 그를 찬양하며 하늘 위에 있는 물들도 그를 찬양할지어다 그것들이 여호와의 이름을 찬양함은 그가 명령하시므로 지음을 받았음이로다"(시 148:2-5).

> "나팔 소리로 찬양하며 비파와 수금으로 찬양할지어다 소고 치며 춤

추어 찬양하며 현악과 퉁소로 찬양할지어다 큰 소리 나는 제금으로 찬양하며 높은 소리 나는 제금으로 찬양할지어다 호흡이 있는 자마다 여호와를 찬양할지어다 할렐루야"(시 150:3-6).

그렇기 때문에 찬양 시간에 선생님의 역할은 우리 아이들이 하나님이 주신 음악이라는 선물을 가지고 하나님을 높이는 마음을 '스스로' 표현하도록 도와주는 것입니다.

1. 그렇다면 유아들과 어떤 찬양을 부를까요?

사실 우리 모두에게는 다윗처럼 찬양을 지어 부를 수 있는 능력이 있습니다. 하지만 오늘날은 예배 시간에 찬양의 은사가 있는 분들의 인도를 따라 누군가가 지은 가사와 곡으로 찬양하는 것이 당연시된 것 같아요. 그래서 어떤 때는 좀 더 적극적으로 찬양하게 되고, 또 어떤 때는 다소 수동적으로 참여하게 되기도 하지요. 또 좋아하는 찬양과 싫어하는 찬양으로 나눠지기도 합니다.

평소 어떤 찬양을 즐겨 부르시나요? 제 경우에는 첫째, 지금 나의 상황에 맞아 이해가 잘되는 가사의 찬양을 부를 때, 둘째, 가사와 음정을 어렵지 않게 따라 부를 수 있을 때 더 마음에서 우러난 찬양을 하게 되는 것 같아요.

아마 우리 유아들도 마찬가지이지 않을까요?

- 이해할 수 있는 내용의 가사일 때
- 쉽게 따라 부를 수 있는 멜로디일 때

이럴 때 아이들은 더 즐겁게, 진심으로 찬양을 할 수 있어요.

만 3-5세(5-7세) 유아들은 발달상 노래 부르기를 아주 좋아하고 즐거워할 때예요. 따라서 만약 아이들이 찬양을 잘 부르지 않는다면 찬양 태도를 잡아 주려고 애쓰기 전에 먼저 다음과 같은 평가가 필요합니다.

- 가사의 내용이 너무 어렵지는 않은가?
- 멜로디가 너무 복잡한 것은 아닌가?

〈연령별 노래 부르기 발달의 특징〉을 참고해 우리 유아유치부 찬양이 아이들의 수준에 적절한지 평가해 보세요.

전문가의 Tip 〈연령별 노래 부르기 발달의 특징〉

연령	특징
만 3-4세 (5-6세)	· 짧고 간단한 노래(예: "나처럼 해봐라")를 부를 수 있지만 음정이나 가사를 틀릴 때도 있다. · '나' 또는 친숙한 소재와 관련된 노래 가사를 좋아한다.

만 4–5세 (6–7세)	· 음정과 박자에 맞추어 노래를 부르기 시작한다. · 경험과 기억이 확장되어 좀 더 다양한 주제의 노래 가사를 이해하고 부를 수 있다(예: "일과 보리가 자라네"). · 친한 친구들과 함께 노래 부르기를 즐긴다. · 가사를 바꾸어 부르거나 짧은 노래를 지을 수도 있다.
만 5–6세 (7–8세)	· 음정, 박자, 가사를 거의 틀리지 않고 부를 수 있다. · 집단으로 맞추어 노래 부르기를 즐긴다. · 좀 더 길고 복잡한 가사의 노래를 부를 수 있다(예: "한국을 빛낸 100명의 위인들"). · 개인적으로 좋아하는 노래 취향이 생기기도 한다.

2. 유아들이 율동을 잘 따라 해야 하나요?

다음으로 율동에 대해 생각해 보겠습니다. 성인 예배에서는 잘 하지 않는 율동을 유아유치부에서는 왜 많이 하는 걸까요? 어른들이 볼 때 율동하는 모습이 귀여우니까요? 찬양할 때 율동을 같이 하도록 하면 더 집중을 잘하니까요?

아이들이 율동하며 찬양하는 모습은 참 사랑스럽고, 또 율동이 있을 때 아이들이 찬양 시간에 더 집중을 잘하는 것도 사실이지요. 하지만 우리가 잊지 말아야 할 것은 율동 역시 하나님께 '마음에서 우러나와' 즐겁게 드리는 찬양의 일부가 되어야 한다는 것입니다.

찬양 가사가 이해하기 쉽고 멜로디가 단순해야 아이들이 잘 부를 수 있는 것처럼, 율동도 마찬가지예요. 그 동작을 왜 하는지 이해가 되고, 동작을 따라 하기 쉬워야, 즉 유아들의 '발달 수준에 맞아야' 즐겁게 율동하며 찬양할 수 있습니다.

국민 동요가 된 "아기 상어"의 단순한 멜로디와 율동을 떠올려 보세요. 어른들이 시키지 않아도 신나게 노래하고 춤추는 유아들의 모습을 본 적 있지요? 새로운 율동은 모두에게 낯설 거예요. 하지만 만약 같은 곡을 2회 정도 반복하는 동안 모든 아이가 따라 하지 못한다면 그 찬양 율동은 어려운 수준이라고 생각하면 됩니다.

아이들이 봤을 때 '어? 재미있겠다. 저 정도는 나도 충분히 할 수 있어! 나도 한번 따라 해 봐야지!'라는 마음이 들지 않는 율동이라면, 월령이 높거나 발달 수준이 빠른 일부를 제외한 나머지 아이들은 금세 흥미를 잃거나 포기할 수 있어요.

그리고 율동이 어려워 따라 하지 못하는 경험이 여러 번 반복된다면? 안타깝게도, 하나님께 춤추며 찬양을 드리는 시간이 선생님 말씀을 잘 듣고 동작을 재빨리 잘 따라 하는 아이들만 참여하는 시간, 즉 '나와는 상관없는 시간'이 되어 버릴 수 있습니다.

최근에는 어린이 선교단체에서 제작, 배포하는 찬양을 가지고 많이 활용하는데요, 만약 우리 유아유치부 아이들의 수준에 맞지 않다고 생각되면 가사와 동작을 더 쉽게 바꾸어 사용해도 좋습니다. 다음에 제시한 〈연령별 가능한 동작〉을 활용해 보세요.

전문가의 Tip <연령별 대근육 운동 발달의 특징(가능한 동작)>

연령	특징
만 3-4세 (5-6세)	· 한 발로 설 수 있다. · 몸의 양쪽을 똑같이 움직일 수 있다. · 걸으면서 방향을 바꿀 수 있다. · 발을 바꿔 가며 계단을 천천히 오르내릴 수 있다. · 두 발을 모아 점프할 수 있다. · 선을 따라 걸을 수 있다.
만 4-5세 (6-7세)	· 한 발로 5초 정도 버티거나 점프할 수 있다. · 장애물을 피하며 달릴 수 있다. · 발을 바꿔 가며 계단을 좀 더 능숙하게 오르내릴 수 있다. · 두 발을 모아 사물을 뛰어넘을 수 있다. · 발끝으로 걷거나 뒤로 걸을 수 있다.

3. 유아들의 찬양 시간, 어떻게 도와줄까요?

하나님은 우리가 찬양할 때 우리가 가사를 틀리지는 않는지, 율동을 정확하게 따라 하는지 평가하시는 분이 아니겠지요. 주일학교에서 선생님은 아이들에게 하나님의 이미지를 전달하는 역할을 하게 됩니다. 마음의 중심을 보시는 하나님의 마음으로 아이들의 마음을 바라봐 주세요. 그리고 무엇보다 선생님이 먼저 마음을 다해 찬양하는 모습을 보여 주세요.

아이들이 찬양하는 모습이 너무 귀엽고 예뻐서 말로 표현하고 싶을 때도 "와! ○○(이)는 진짜 찬양을 안 틀리고 잘하는구나! ○○(이)에게 모두 칭찬 박수!", "열심히 율동하는 ○○(이) 앞으로 나오세요! 맛있는 사탕을 줄게요!"와 같이 평가가 담긴 칭찬은 사용하지 않는 것이 좋습니다. 또 아이들이 찬양할 때 칭찬하거나 선물 주는 일을 반복하게 되면 즉각적인 보상이 사라지는 순간, 찬양에 대한 흥미와 동기도 함께 사라져 버릴 수 있답니다.

대신 '우리 같이 하나님 앞에서 찬양하니까 참 좋다'라는 마음으로 눈을 맞추며 씩 웃어 주거나 "○○(이)가 사랑한다고 해서 하나님이 참 기쁘시겠다", "○○(이)가 이렇게 신나게 찬양하니까 혹시 예수님도 같이 신이 나서 막 춤을 추고 계신 것이 아닐까?" 등 지금 함께하는 순간에 느껴지는 마음을 재미있게 전달해 보세요. 먼저 찬양의 본질을 바라보며 하나님 앞에서 유아들과 함께 찬양하는 선생님이 되어 주세요.

한 걸음 더! 〈찬양 시간을 더 재미있게 만드는 법〉

- 이야기가 담긴 찬양이라면 아이들에게 짧은 이야기로 가사를 먼저 소개해 주세요.
- 조용한 가운데 선생님이 혼자 불러 보세요.
- 음만 먼저 함께 불러 보아도 좋아요.
- 다양한 창법으로 불러 보세요. 예를 들어, 아주 작게 불렀다가 아주 크게 부르기,

아주 천천히 불렀다가 아주 빠르게 부르기 등이 있어요. 단, 너무 오래 지속해서 장난이 되지 않도록 주의하세요.
· 아이들의 이름을 넣어 불러 보세요.
· 아이들의 의견을 반영해 찬양해 보세요. 예를 들어, 아이들이 제안하는 창법으로 부르기, 같이 율동 만들어 보기 등이 있어요.
· 몸으로 낼 수 있는 소리(손뼉 치기, 혀로 똑딱똑딱 소리 내기 등)를 사용하거나 단순한 리듬 악기(마라카스 등)를 사용해 찬양해 보세요.

* 성별, 연령별, 반별로 나누어 부르는 등 수준이 드러나 비교되는 방법은 별로 좋지 않으니 주의하세요.

찬양 시간에 선생님의 역할은

우리 아이들이

하나님이 주신 음악이라는 선물을 가지고

하나님을 높이는 마음을 '스스로' 표현하도록 도와주는 것입니다.

예배

시끌벅적 예배 시간, 집중 도와주기

1. 말씀 시간

 찬양이 끝나고 기도하면서 조용해진 뒤 담당 교역자가 나와 말씀이 시작됩니다. 아이들의 집중력이 최고조에 달할 때지요. 말씀 시간에 가장 중요한 선생님의 역할은 무엇일까요? 그건 바로 아이들이 말씀에 집중하도록 잘 '관리'하는 것이 아니라, 선생님이 말씀을 듣는 모습을 보여주는 것입니다.

 말씀 시간에 재미있는 이야기가 나오면 옆에 앉은 유아들과 눈을 맞추며 함께 웃고, 신기하거나 놀라운 이야기가 나오면 유아들의 얼굴을 보며 깜짝 놀라는 등 아이들의 눈높이에서 말씀을 '함께' 들어 주세요.

담당 교역자가 설교 도중 질문을 하면 먼저 유아들이 잘 들었는지 확인하고, 잘 못 들은 것 같을 땐 작은 소리로 "정말… 요셉의 기분이 어땠을까?" 하며 궁금해하는 태도를 보여 주세요. 말씀에 대한 선생님의 반응은 유아들에게 정말 큰 영향을 미친답니다.

그런데 선생님이 말씀을 경청하는 모습을 보여 주었는데도 아이들이 잘 집중하지 못하는 경우가 생길 수 있어요. 말씀 시간에 자주 벌어지는 상황 몇 가지와 대처 방법에 대해 알아볼까요?

1) 유아가 선생님에게 말을 걸거나 장난을 칠 때

신나게 찬양한 뒤라 아이들은 말씀 시간에도 선생님이나 친구들과 놀고 싶어서 말을 붙이거나 장난을 걸 수 있어요. 이때 선생님이 함께 큰 소리로 "얘들아, 쉿! 예배 시간에는 떠들면 안 돼요! 똑바로 앉아야지!" 하는 식으로만 반복해서 주의를 주면 오히려 분위기가 점점 더 어수선해질 수 있답니다. 아이들에게는 긍정적인 반응도, 부정적인 반응도 '선생님의 반응'이 되기 때문이에요.

이럴 땐 유아의 손을 가만히 잡아 주거나 애정을 담아 가볍게 토닥토닥하고, 유아의 눈을 보고 고개를 짧게 좌우로 젓거나 검지를 입술에 올리는 식으로 '비언어적인 주의'를 주는 것이 분위기를 더 차분하게 만들 수 있습니다.

그래도 계속 장난이 반복된다면 담당 교역자가 말씀을 전하는 데 방해가 되지 않을 만큼 작고 낮은 목소리로 "○○(야)야, 지금은 말씀 듣는 시간이야. 말씀 다 끝나고 다시 이야기해 줘"라고 말해 주세요. 이때는 짧고 단호하게(하지만 무섭지는 않게) 말하는 것이 좋습니다.

평소 말을 많이 하거나 장난을 자주 치는 유아의 경우, 말씀 시간에 선생님과 가까운 자리에 앉도록 하면 도움이 된답니다.

2) 유아가 말씀을 듣다가 질문을 할 때

유아가 말씀을 듣다가 질문을 할 경우 "우리, 말씀이 끝나면 말씀을 전하신 전도사님(목사님)께 여쭤 보자", 혹은 "말씀 시간이 끝나고 선생님이 이야기해 줄게"라고 작은 소리로 대답해 주세요.

선생님이 판단하기에 유아유치부 아이들 모두와 공유할 만한 중요한 질문이라면 어떻게 해야 할까요? 적절한 타이밍에 손을 살짝 들고 "전도사님(목사님), ○○(이)가 궁금한 것이 있는데 질문해도 되나요?" 하고는 유아에게 직접 질문하게 하거나, 말씀 시간이 끝난 후 선생님이 잊지 말고 유아에게 대답해 주세요.

유아가 말씀에 질문을 한다는 것은 정말 말씀을 듣고 있었다는 의미이기도 하고, 이 시기 핵심적인 특징인 '주도성'을 보여 주는 지표예요. 따라서 선생님이 이를 존중해 주는 태도로 정성껏 반응해 주는 것은 매우 중요하답니다.

3) 유아의 개인적인 필요가 있을 때

유아가 말씀 시간에 물을 마시고 싶다거나 화장실에 가고 싶거나 부모님이 보고 싶다고 하는 등 개인적인 필요를 이야기할 수 있어요. 그땐 작은 목소리로 짧게 유아의 마음을 읽어 준 후 유아의 필요가 얼마나 큰지 확인해 보세요. "목이 마르구나? (혹은 '화장실에 가고 싶어?') 말씀이 이제 곧 끝날 텐데 혹시 조금 더 기다릴 수 있니?"라고 물어보세요. 유아가 참기 어렵다고 하면 보조 선생님에게 부탁하거나 다른 유아들에게 양해를 구하고 아이를 데리고 조용히 다녀옵니다.

이때 주의해야 할 점이 있어요. 말씀 시간 도중 선생님과 단둘이 나가는 것이 너무 재미있고 좋은 경험이 되면 습관이 되거나 다른 유아들이 유사한 요구를 반복하게 될 수도 있습니다. 따라서 유아의 필요를 채워 주는 것에 초점을 맞추어 바로 예배의 자리로 돌아와야 합니다. 돌아오는 길에는 "우리, 예배드리는 중간에 나와서 말씀을 못 들었네, 그렇지? 다음에는 예배가 시작하기 전에 선생님이 준비해 둔 물을 마시자(혹은 '화장실에 한 번 다녀오자')"라고 가볍게 일러 주세요.

또한 유아가 부모님이 보고 싶다고 하는 경우는 주로 말씀이 잘 이해되지 않거나 지루할 때, 목마르거나 화장실에 가고 싶거나 친구 때문에 불편한 점이 있을 때, 문득 예배 장소가 낯설게 느껴질 때일 수 있어요. (정말 부모님이 보고 싶은 경우도 물론 있지요.)

그럴 때는 "맞아, 엄마(아빠) 보고 싶지? 예배가 끝나면 엄마(아빠)가 바로 오시니까 금방 만날 수 있어" 하고는 따뜻하게 유아의 어깨를 살짝 안아 주세요. 그리고 혹시 다른 필요가 있는지 조심스럽게 확인하세요. "그런데 ○○(아)야, 혹시 불편한 게 있거나 필요한 일이 있으면 선생님한테 이야기해 줘. 화장실에 가고 싶거나 목이 마르거나…"라고 말해 주세요. 이때 유아의 필요가 확인되면 재빨리 해결해 주고 "○○(이)가 목이 말랐던 거구나. 유아유치부에서는 선생님이 엄마(아빠)처럼 ○○(이)를 도와줄 수 있으니까 언제든지 선생님한테 이야기해도 된단다"라고 알려주세요.

2. 광고 시간

말씀 시간이 끝나고 기도를 마치고 나면 보통 광고 시간이 있습니다. 이 시간에는 주로 주일학교 예배에 새로 온 친구나 헤어질 친구를 소개하거나, 생일을 축하하고, 앞으로 있을 유아유치부 행사에 대한 안내 등이 이루어질 거예요.

이 시기 유아들이 집단 활동에 집중할 수 있는 시간은 얼마나 될까요? 만 3세는 10-15분, 만 4세는 10-20분, 만 5세는 20-30분 정도입니다. 즉 광고 시간은 이미 오랜 시간 앉아서 말씀 듣기에 집중했던 아이들이 조금씩 몸을 들썩이기 시작하는 시간이라는 의미이지요. 따라서 광고 시간은 유아들의 발달 단계상 주의 집중이 저하된 시간임을 이해해야 해요. 한 명, 한 명 아이들의 컨디션이 어떤지(화장실에 가고 싶은데 참고 있는 아이, 부모님이 보고 싶어 울음을 터트리기 직전인 아이, 일어나 뛰고 싶어 몸을 꼬고 있는 아이 등) 간단한 대화를 나누며 조금은 가벼운 마음으로 유아들과 광고 시간에 참여하세요.

조용조용 차분하게 속삭였던 말씀 시간과 다르게 조금은 밝은 목소리와 편안한 자세로 유아들의 긴장을 풀어 주세요. 예를 들어, "이제 전도사님(목사님이나 부장 집사님 등)이 우리에게 해주실 말씀이 있나 봐! 한번 잘 들어 보자"라고 말해 주세요.

  광고 내용에 따라 유아가 혼자 혹은 반별로 앞에 나가야 하는 상황이 생기기도 합니다. 다른 사람들 앞에 서는 것은 유아에게도, 어른들에게도 조금은 쑥스럽고 불편할 수 있지요. 따라서 유아들끼리 앞에 나가야 할 때는 처음 몇 번은 선생님이 함께 나가 주시면 좋습니다.

  예를 들어, "○○○ 나오세요!"라는 말이 들리면 호명된 아이에게, 혹은 반 아이들 전체에게 "아! 이번에 ○○(이)가 나갈 차례인가 봐[혹은 '○○(이)를 축하해 주려고 하시나 봐]" 하고 현재 상황을 설명해 주세요. 그러고는 "선생님이 같이 나가 줄까?" 하며 유아에게 의사를 물어본 후 혼자 또는 함께 나가도록 하면 됩니다.

  유아 한 명과 앞에 나가야 할 때는 남아 있는 아이들에게 "선생님 잠깐 ○○(이)랑 앞에 나갔다 올게" 하고 간단하게 상황을 설명해 주세요. 이때 반 아이들이 자리에 잘 앉아 있을 수 있도록 옆 반 선생님에게 살짝 부탁하면 좋겠지요?

  유아들이 선생님 없이 앞으로 나갔을 경우, 눈을 마주치며 밝게 웃어 주거나 손을 흔들며 긴장을 풀 수 있도록 도와주고, 유아들이 다시 자리로 돌아올 때는 활짝 웃으며 맞이해 주세요. "와! ○○(이)가 정말 열심히 하더라!", "어땠어? 떨리진 않았니?" 등의 말로 쑥스러움을 이기고 열심히 참여한 유아들의 마음을 공감하고 칭찬해 주면 좋습니다.

에피소드 3

예전 저희 반에 유독 수줍음을 타는 아이들이 많이 있었어요. 그래서 아이들이 앞에 나가 축하를 받거나, 찬양 율동을 하거나, 말씀을 암송할 때면 저는 항상 한 명, 한 명 눈을 맞추고 웃어 주며 열심히 손을 흔들어 주었지요. 그런데 아이들이 워낙 수줍음이 많아 저에게 마주 손을 흔들어 주는 아이는 없었어요.

그러던 어느 주일, 부장 집사님이 갑자기 교사들을 앞으로 불러 율동을 해보라고 하셨어요. 저는 미처 다 외우지 못한 율동이라 당황했어요. 창피한 마음으로 엉망진창 서툴게 율동을 했지요.

그런데 저 멀리 앉은 많은 아이들 사이에서 저희 반 아이들이 저를 향하여 열심히 손을 흔들어 주고 있는 게 아니겠어요!

아이들은 사랑을 준 만큼, 아니 그 이상으로 돌려주는구나 싶어 정말 감동적인 순간이었답니다.

5장

공과

공과 준비와 진행 노하우*

　한 번도 가 본 적 없는 나라의 한 도시로 여행을 떠난다고 생각해 봅시다. 언어도 서툴고, 어떤 곳이 명소이고 맛집인지, 교통수단은 무엇을 이용해야 하는지 등 아무것도 알지 못해 결국 가이드의 도움을 받기로 했습니다. 다음 중 어떤 가이드와 여행을 떠나고 싶나요?

> A가이드 : 우리를 보자 활짝 웃으며 인사한다. 차는 조금 지저분한 편이다. 물이 마시고 싶다고 하거나 출출해하면 흔쾌히 차를 돌려 가까운 슈퍼로 달려간다. 기름이 떨어져 주유소에 들렀다 시간이 지연되어 다음 스케줄이 무산되면 당황하며 진심으로 미안해한다. 현지어를 잘하지는 못해 가끔 쩔쩔매며 웃는다. 여행지에 대한 정보가 부정확해 잘 모르는 내용이 나오면 농담을 섞어 어물쩍 넘어간다. 한 사람의

*말씀 준비와 진행에도 적용 가능합니다.

> 질문에 너무 친절하고 길게 대답하느라 여행객이 흩어지면 다시 모아 다음 장소로 이동하는 데 시간이 오래 걸린다.

> B가이드 : 우리를 보자 무표정으로 인사한다. 차는 깨끗이 세차하고 기름도 가득 채워 두었다. 뒷좌석에는 시원한 물과 맛있는 간식이 마련되어 있다. 과자를 흘리거나 바닥에 흙을 묻히면 주의를 주며 계속 청소한다. 현지어를 능숙하게 구사한다. 여행지 정보가 많고 어떤 루트로 여행할지 계획을 짜 두었다. 많은 설명을 해주지만 사용하는 단어가 어렵고 빠르다. 설명과 관계없는 질문을 하거나 다른 곳에 서서 더 오래 보려고 하면 스케줄이 있다며 재촉한다.

A, B가이드 모두 왠지 선택하기 망설여지는 부분이 있지요? 왜일까요? A가이드에게는 전문성이, B가이드에게는 따뜻한 환대가 부족하게 느껴지기 때문일 거예요. 그렇다면 C가이드는 어떻게 느껴지나요?

> C가이드 : 우리를 보자 밝게 인사하며 맞이해 준다. 차는 깨끗하게 세차를 하고 기름도 가득 채워 두었다. 뒷좌석에는 시원한 물과 맛있는 간식이 마련되어 있다. 현지어를 능숙하게 한다. 여행지에 대한 정보가 많고 어떤 루트로 여행을 할지 계획을 미리 짜 두었다. 정확한 내용을 재미있게 설명해 주고 질문에는 친절하게 답해 준다. 이야기가 길어지면 다음 장소로 이동하며 개별적으로 대답해 준다. 여행객들의 의견을 반영해 여행 계획을 융통성 있게 바꾸기도 한다.

내가 잘 알고 있고 자주 가 본 지역을 여행한다면 누구와 가도 크게 상관없겠지만, 처음 가 보는 나라의 한 도시라는 점을 감안한다면 당연히 C가이드와 함께 여행을 하고 싶을 거예요.

성경 말씀을 듣는 것을 여행에 비교해 볼게요. 교회 생활을 좀 해본 어른들은 '현지어도 어느 정도 구사할 줄 알고 정보도 있어서 가이드가 누구든지 스스로 여행을 어느 정도 즐길 수 있는 여행자'라고 할 수 있습니다. 하지만 유아들의 경우, '그 나라에 대해 아무것도 알지 못하는 초보 여행자'겠지요. 따라서 우리 아이들에게 처음 듣는 성경 말씀을 들려줄 때는 C가이드와 같이 친절하고 따뜻한 태도와 전문성, 둘 다가 필요합니다.

유아유치부 선생님들 대부분은 친절함과 따뜻함을 이미 장착하고 계실 거예요. 그래서 이 장에서는 '전문성'을 중심으로, 공과를 준비하고 진행하는 노하우에 대해 알아보겠습니다.

1. 공과 준비하기

1) 본문 말씀을 묵상하고 쉽게 바꾸기

요즘은 공과 교재를 구입해 사용하는 경우가 많습니다. 따라서 공과 시간에 아이들과 공부할 본문과 진행 방법이 이미 정해져 있을 거예요. 그런데 유아용 교재 중에 가끔 지나치게 문어체로 쓰여 있거나 너무 어려운 단어가 많이 들어 있는 경우가 있어요. 혹은 쉬운 내용이어도 말씀을 전달하는 선생님이 소위 '영혼 없이' 진행하면 그 말씀이 아이들을 휙 통과해 버릴 수 있어요.

아이들이 '정말로' 말씀을 이해하고 자발적으로 말씀을 기억하는 의미 있는 공과 시간을 만들기 위해서는 무엇이 필요할까요? 제 생각에는 '진심과 적절한 수준'인 것 같습니다. 무엇보다 먼저, 선생님이 그 말씀에 감화되어 있는 것이 중요해요. 다음으로, 아이들과 나눌 말씀을 수준에 맞게 전달해야 합니다. 이를 위해 선생님들이 해야 할 일이 있습니다.

첫째, 선생님이 성경 말씀을 진심으로 전달하기 위해서 아이들과 진행할 공과 말씀을 미리 묵상합니다. 저는 개인적으로, 교재를 먼저 읽지 않고 본문 말씀을 찾아 묵상한 다음 교재를 읽어서 우리 반 아이들의 수준과 상황에 따라 좀 더 강조해야 할 부분, 즉 '핵심 메시지'를 정해 보았어요. (말씀 묵상과 관련해서는 참고할 수 있는 좋은 책들이 많기 때문에 여기서는 다루지 않겠습니다.)

둘째, 성경 말씀을 유아들의 수준에 맞게 바꾸어 준비합니다. 말씀의 수준을 바꾸는 것은 왜 중요할까요? '하나님의 말씀을 교사가 마음대로 바꾸어서 전달하면 안 되는 것 아닌가?', '어려워도 자꾸 듣다 보면 익숙해지고 그 말씀이 마음에 남아서 유아들이 나중에 어른이 되었을 때 생각나지 않을까?' 이런 고민이 들 수도 있겠네요. 그렇다면 다음 글을 한 번 읽어 봅시다.

친한 지인들이 같은 식당에 다녀온 경험에 대해 이야기해 준다고 상상하며 식당의 모습을 머릿속으로 그려 보세요.

> 지인 1: "집 앞에 있는 '르자디니에'에서 식사했어요. 라이팅이랑 인테리어가 좀 엑스트라바간트하긴 했는데, 메뉴를 보니까 가격은 리즈너블하더라고요. 오소부코를 시켰는데 플레이팅도 잘했고 플레이버도 괜찮고…."

> 지인 2: "저희 집 앞에 '르자디니에'라는 프랑스 식당이 생겨서 다녀왔어요. 이름이 '정원사'라는 뜻인데 식당 주변도 이렇게 (사진을 보여 주며) 정원처럼 예쁘게 꾸며 놨더라고요. 안에 들어갔는데 조명이랑 인테리어가 정말 고급스러운 거예요. 너무 비싸지 않을까 걱정돼서 메뉴판을 쭉 훑어봤더니 의외로 가격이 괜찮았어요. 그중에 오소부코라는 처음 보는 메뉴가 있어서 물어보니까 송아지 뒷다리를 화이트와인으로 찐 요리라더라구요. 한번 시켜 봤는데, 이렇게 (사진을 보여 주며) 예쁘게 담겨서 나오고 진짜 보드랍고 맛있고…(침 꿀꺽). 나중에 저희 동네 오시면 같이 한번 가요."

어떤가요? 평소 프랑스어나 영어를 자주 사용하거나 비슷한 식당에 가 본 경험이 있는 것이 아닌 이상 '지인 1'의 말은 식당의 이미지를 그리는 데 크게 도움이 되지 않았을 거예요.

이처럼 상대방의 말을 이해하기 위해 반드시 필요한 것은 바로 '사전경험'(배경지식)입니다. 긴 시간 내가 잘 모르는 주제에 대한 이야기를 듣거나 글을 읽으면 흥미가 떨어지고 지루한 이유가 여기 있지요.

어렵고 생소한 단어가 많은 성경 말씀을 선생님이 그대로 전달하면 유아들은 어떻게 받아들일까요? '말씀은 어른들과 몇몇 아이들만 이해하고 나는 이해할 수 없는 어려운 것'이라는 부정적인 이미지가 생길 수 있어요.

그리고 공과 시간에 발달 수준에 맞지 않는 내용을 반복적으로 접하게 되면 점차 그 시간을 '어차피 못 알아들으니 다른 재미있는 일을 찾아야 하는 시간', 혹은 '조용히 있으면 되는 시간'으로 받아들이게 됩니다. 따라서 선생님이 어려운 말씀과 아이들의 눈높이 사이를 이어 주는 다리 역할을 해주는 것은 정말 중요합니다.

다음에 제시한 〈말씀 수준을 조절하는 법〉을 활용해 어려운 성경 말씀을 아이들의 수준에 맞게 바꾸어 보세요.

〈말씀 수준을 조절하는 법〉

- 어려운 단어는 아이들이 이해할 수 있는 쉬운 단어들로 바꿔요.
- 긴 문장은 쪼개요.
- 핵심 메시지 외 유아기 아이들이 몰라도 되는 부분(지명, 사람 이름, 어려운 표현 등)은 과감히 생략해요.
- 등장인물이 말하는 내용은 큰따옴표 안에 넣어 대화하듯 말해요(다양한 몸짓과 형용사, 목소리 변화 사용).
- 성인보다 경험이 부족해 배경 상황을 상상하기 어려운 아이들을 위해 다양한 매체를 활용해 생동감 있게 이야기를 전달해요(예: OHP, 그림자 동화, 막대 인형, 손 인형, 융판 동화 등).

그러면 이제 다음 말씀을 예시로 성경 말씀 수준 바꾸기 연습을 해볼까요?

말씀
"여호와께서 아브람에게 이르시되 너는 너의 고향과 친척과 아버지의 집을 떠나 내가 네게 보여 줄 땅으로 가라" (창 12:1).

수준 바꾸기 연습

"여호와께서 아브람에게 이르시되" → 끊기, 쉬운 단어로 바꾸기

(따옴표에 넣기, 목소리 바꾸기)

"너는 너의 고향과" → 끊기, 쉬운 단어로 바꾸기

"친척과 아버지의 집을 떠나" → 끊기, 쉬운 표현으로 바꾸기

"내가 네게 보여 줄 땅으로 가라" → 끊기, 쉬운 단어로 바꾸기

수준 바꾼 말씀 예시

"하나님께서 아브람에게 말씀하셨어요."

(차분하고 낮은 목소리로)

"아브람아, 너의 고향, 네가 태어나서 지금까지 살고 있는 곳을 떠나거라. 그곳엔 네 친척들도 살고 너의 아버지도 살고 있지만 그 땅을 떠나거라. 그리고 내가 앞으로 너에게 보여 줄 땅으로 가거라."

찬양 시간과 마찬가지로, 어린이 선교단체에서 나온 교재를 활용하고 있는 경우에도 말씀 본문의 수준이 어렵다고 생각되면 수준을 조절해서 사용해도 좋습니다. 평소 유아용 어린이 성경을 자주 읽어 보세요. 난이

도 조절에 많은 도움이 될 거예요.

2) 사전 연습하기

말씀의 수준을 쉽게 바꾸었으니 이제 공과 준비는 끝일까요? '사전 준비와 연습'이 반드시 필요합니다. 대부분의 유아유치용 공과 교재는 다양한 이야기 나누기용 그림 자료와 등장인물 인형을 제공해 줍니다. 특히 막대 인형이나 벨크로를 붙여 활용하는 경우가 많지요.

그런데 주일 아침에 급하게 자료를 준비하거나 연습 없이 가면 어떻게 될까요? 바로 다음과 같은 모습이 나타날 수 있습니다.

- 등장인물이 나올 순서에 여러 등장인물 인형들을 뒤적거리며 찾느라 시간이 지나간다.
- 그림 순서가 틀려 아이들에게 "앗, 미안! 순서가 틀렸네" 하고 사과하게 된다.
- 벨크로를 엉뚱한 곳에 붙여 등장인물 인형을 고정시킬 수 없어 당황하는 모습을 보이게 된다.
- 아이들을 보는 대신 고개를 숙이고 대본만 보고 읽게 된다.
- 이야기를 들려줄 때 등장인물들끼리 목소리가 섞인다.

연극을 보러 갔는데 배우들이 등장하는 시간이 늦거나, 계속 대사 실수를 하거나, 소품을 잘못 준비했거나, 혹은 아예 안 가지고 나와서 맥이 자꾸 끊긴다면 얼마나 재미없을까요? 공연장 홈페이지에 부정적인 후기를 남기거나 환불해 달라는 요청을 할 수도 있을 것 같네요. 다행히도(?) 아이들은 어른들처럼 불평하거나 불편한 감정을 표현하지는 않습니다. 대신 몰입이 끊겨 금세 산만해지고 흥미를 잃어버리지요.

따라서 선생님들은 미리 공과 시간에 유아들에게 들려줄 성경 이야기 내용을 충분히 숙지하고, 그림 자료나 등장인물 인형을 조작하는 연습을 해두어야 합니다. 실수에 대처하거나 흩어진 아이들의 집중을 다시 모으느라 불필요하게 버려지는 시간이 없도록 하기 위한 중요한 준비이지요.

등장인물 인형들을 순서에 맞춰 손에 잘 잡히게 정리해 두거나 인형 뒤쪽이나 막대 부분에 등장 순서를 적어 두는 것도 좋습니다. 또 비닐팩에서 주섬주섬 꺼내는 모습보다는 미리 준비해 둔 바구니에 넣거나 무릎 위에 올려 두고 사용하는 것이 보기에도 좋겠지요?

2. 공과 진행하기

1) 자리 정돈하기

이제 공과 시간이 되고, 다소 긴장되는 마음으로 아이들과 함께 앉았습니다. 대부분의 공과 공부는 4-5명의 소집단으로 진행되기 때문에 다 함께 둘러앉을 수 있는 접이식 낮은 책상을 준비하거나 선생님 앞에 모여 앉도록 해주세요.

2) 인사 나누기

유아들은 오래 교회를 다니며 계속 만나 온 경우가 아닌 이상, 일주일에 한 번 만나는 선생님과 친구들의 이름을 익히는 데 오랜 시간이 걸릴 수 있습니다. 따라서 공과를 시작하기 전 간단한 노래나 게임을 통해 아이들끼리 서로의 이름을 익히는 시간을 가지면 좋습니다. "요기저기"와 "누구일까요?"라는 노래를 각각 개사한 활동을 소개해 볼게요.

- "요기저기" 노래 활용: "한 주간 잘 지냈니? 오늘은 어떤 친구들이 왔는지 한번 볼까? ○○ 친구는 줄무늬 티셔츠를 입고 머리에 빨간 리본을 하고 있네. (노래하면서) '○○(이)는 어디 있나? (찾을 시간 주기) 요기!'"
- "누구일까요?" 노래 활용: "한 주간 잘 지냈니? 오늘은 어떤 친구들이 왔는지 한번 볼까? (노래하면서) '동그란 눈 누구일까요? 청바지를 입고 있는 남자 친구죠. 노란 양말을 신고 있는 남자 친구 이름은? 그건 그건 바로 ○○○!'"

3) 공과 진행하기

시작 기도

아이들과 반갑게 인사를 나눈 후 기도로 공과를 시작합니다. 유아기 아이들이 이해할 수 있는 단어와 문장을 이용해서 쉽고 짧게 기도해 주세요.

<시작 기도 예시>

"하나님, 오늘 ○○, ○○, ○○, ○○(이)와 제가 함께 모였습니다. 이 시간 저희가 하나님의 말씀을 듣고 예수님을 닮아 갈 수 있도록 함께해 주세요. 예수님의 이름으로 기도드립니다. 아멘."

도입

기도가 끝나고 공과를 시작할 때는 바로 이야기를 들려주어도 좋지만, 오늘 말씀에 등장하는 주인공이나 주제에 대해 아이들의 흥미를 유발해 주면 좋습니다.

도입의 예를 한번 들어 볼까요?

- 만 3-4세(5-6세): 미리 만들어 둔 등장인물 인형을 살짝 꺼내며 "얘들아, 안녕! 반가워", "너희들 혹시 내 이름이 뭔지 아니?", "오늘 나에게 있었던 일을 들려줄게" 등으로 대화를 나누며 시작한다.
- 만 5세(7세): "선생님이 퀴즈를 하나 내 볼게. 어떤 사람인지 맞혀 보는 거야. '나는 형이 한 명 있어요. 형의 이름은 에서예요. 나는 누구일까요?'" 등 간단한 퀴즈로 오늘의 주제에 대한 관심을 일으키며 시작한다.
- 오늘의 말씀과 주제에 관련된 경험이 있는지 질문하고 아이들의

이야기를 들으며 시작한다. "혹시 동물원에 가 본 적이 있니? (아이들의 이야기를 들은 뒤) 그런데 너희들이 보고 온 동물들의 이름은 누가 지은 걸까? 오늘 말씀에 그 이야기가 나온대", "감기에 걸린 적이 있니? (아이들의 이야기를 들은 뒤) 오늘 말씀에도 너희들처럼 아주 많이 아팠던 사람의 이야기가 나온대" 등 유아들의 경험과 말씀을 연결한다.

전개

도입으로 아이들의 흥미를 유발했다면 이제 본격적으로 준비한 공과 말씀을 전합니다. 소집단으로 공과를 진행할 때 가장 큰 장점은 선생님이 유아 한 명, 한 명과 개별적으로 대화를 나눌 수 있다는 것입니다. '공과를 열심히 준비했으니 방해받아서 끊기지 않도록 잘 진행해야 해.' 이런 부담은 살짝 내려놓고 말씀을 주제로 유아들과 편안하게 대화를 나눠 보세요.

다음 내용을 활용해 유아들이 말씀에 더 잘 참여하도록 도울 수 있습니다. 유아들과 진지한 태도로 대화를 나누다 보면 예상 외로 많은 생각과 느낌을 갖고 있는 유아들의 모습에 놀라게 될 거예요.

전문가의 Tip <유아들에게 질문하기>

- 유아가 이해할 수 있고 대답할 수 있는 수준의 질문을 합니다.
- 답이 정해진 질문보다 답이 정해지지 않은 질문을 더 많이 합니다. 예를 들어, "너라면 어떻게 했을 것 같아?", "어떤 느낌이 들었을까?" 등이에요.
- 질문한 뒤에는 생각할 수 있는 시간을 충분히 줍니다.
- 정답을 마음속에 정해 두지 않고 "그렇게 생각했구나", "그럴 수도 있겠다" 등으로 수용해 줍니다.
- 장난처럼 대답한 유아의 질문도 유쾌하게 수용하되, 진지한 태도로 다시 돌아옵니다.
- 유아들이 질문에 답하기 어려워할 경우, "선생님이었으면 너무 속상하고 화가 나서 '야!' 하고 소리 질렀을 것 같아"와 같이 교사의 생각을 먼저 표현합니다.
- 유아들이 한 대답을 한 번 더 그대로 말해 준 뒤 질문을 반복합니다. 예를 들어, "○○(이)는 아빠한테 도와 달라고 했을 것 같대. ○○(이)는 어떻게 했을 것 같아?" 등이에요.
- 적극적으로 참여하는 유아들이 우선 되지 않도록 참여한 유아를 기억하고 대답할 기회를 골고루 줍니다.
- 대답을 거부하는 유아에게는 "조금 더 생각해 볼래?"라고 말하며 편안하게 수용해 줍니다.

마무리

공과 말씀을 전달하고 나면 준비된 사후 활동을 소개해 주세요. 이때 일방적으로 활동을 시작하기보다 유아들의 의견을 묻는 태도를 가지고 소개해 주세요. 예를 들어, "자, 그럼 이제 오늘 말씀에 나온 노아의 방주를 만들어 보자" 대신 "오늘은 하나님이 하나님의 말씀대로 배를 만든 노아와 가족들과 동물들을 구해 주셨다는 말씀을 들었지? 이 말씀을 잘 기억할 수 있게 우리도 노아처럼 배를 직접 만들어 보면 어떨까?"라고 말할 수 있습니다.

하기 싫어하는 유아의 경우에는 친구들이 만드는 것을 먼저 보다가 하고 싶을 때 시작해도 된다고 알려 주세요. 혹은 선생님이나 친구들이 만드는 것을 도와 달라고 요청하는 방식으로 참여를 이끌어 낼 수도 있습니다.

마침 기도

마지막으로, 공과 시간에 말씀을 통해 새롭게 알게 된 내용이나 핵심 메시지를 유아들의 생활과 연결할 수 있도록 기도해 줍니다.

<마침 기도 예시>

"하나님, 오늘은 예수님이 아픈 베드로의 장모님(또는 '베드로 아내의 어머니')을 고쳐 주셨다는 말씀을 들었습니다. ○○, ○○, ○○, ○○(이)와 저도 아플 때 하나님께 기도하며 치료도 잘 받아서 건강하게 생활할 수 있도록 도와주세요. 예수님의 이름으로 기도드립니다. 아멘."

Q&A

Q: 아이들에게 이야기할 때 뽀미 언니와 같은 억양과 목소리를 사용해야 하나요? 부끄럽고 간지러워서 못하겠어요.

A: 그렇지 않습니다. 선생님의 크고 과장된 목소리는 처음에는 주의를 끄는 데 도움이 될 수 있지만 시간이 길어지면 아이들의 집중도가 금방 흩어져서 더 산만하고 시끄러운 시간이 될 수도 있어요. 더욱 중요한 것은 아이들의 자발적인 참여를 돕는 '선생님의 여유 있고 부드러운 태도'예요. 따라서 평상시 사용하는 목소리와 톤으로 자연스럽게 이야기하면 됩니다. 그리고 가끔은 선생님의 아주 작은 목소리가 주의를 집중하는 데 더 많은 도움이 되기도 한답니다.

Q: 이야기를 듣는 중에 아이들 사이에서 자꾸 자리 때문에 싸움이 나요.

A: 이야기가 진행되다 보면 그림을 더 잘 보고 싶어서, 혹은 선생님에게 더 가까이 가고 싶어서 점점 앞으로 오는 유아들이 생길 수 있습니다. 그러면 또 다른 아이들이 "불편해", "하지 마" 하면서 소란이 생길 수 있지요. 그럴 땐 앞으로 오는 유아를 콕 집어 주의를 주기보다는 유아들의 불편함을 재빨리 해결해 주기 위해 이렇게 이야기하는 것이 좋습니다. "앗, 자리가 너무 좁구나? 그럼 우리 모두 엉덩이를 뒤로 한 번씩만 갈까? (시범 보이기) 와! 이제 모두 잘 보이네!"
또한 똑같은 상황이 벌어지는 것을 막기 위해서는 유쾌하게 상황을 풀어 가는 것도 좋아요. "자꾸 앞으로 오면 안 보이는 친구가 생기니까 우리 모두 엉덩이를 바닥에 좀 붙여야겠는데? 풀을 하나 꺼내 볼까! 이렇게 엉덩이에 풀칠을 해서 (풀칠하는 흉내 내기) 바닥에 딱! 붙이는 거야."

의미 있는 공과 시간을 만들기 위해서는 무엇이 필요할까요?

'진심과 적절한 수준'입니다.

먼저 선생님이 그 말씀에 감화되어 있는 것이 중요해요.

다음으로, 아이들과 나눌 말씀을 수준에 맞게 전달해야 합니다.

6장

가정

교회와 가정을 이어 주는 믿음의 소통

일주일에 한 번 교회에서 드리는 주일 예배뿐 아니라 나머지 6일 동안도 가정에서 말씀, 기도, 찬양이 있는 일상을 살아야 합니다. 그래야 주일학교에서 받은 말씀의 영양분이 아이들에게 깊숙이 스며들어 믿음의 뿌리가 내려지고, 성인이 되었을 때 그 뿌리가 지탱해 주어 튼튼한 나무로 자라게 되지요.

주일학교 교사로서 유아들의 가정에 이러한 메시지를 잘 전달해 주어 교회와 가정의 믿음 교육이 잘 연계되도록 하는 것이 중요합니다. 우리 자녀들이 하나님을 믿는 믿음 안에서 잘 성장할 수 있도록 주일학교 교사와 부모님이 소통하며 믿음의 파트너로서 좋은 협력 관계를 만들어 보세요.

이 장에서는 주일학교 교사로서 어떻게 부모님들과 소통하면 좋을지에 대해 알아보도록 하겠습니다.

1. 아이들이 부모님과 안전하게 다시 만날 수 있게 함께 기다려요

유아유치부 아이들이 주일 예배를 마치고 귀가할 시간이 되었어요. 이제 아이들은 대예배를 드리러 가신 부모님을 다시 만날 거예요. 주일학교 예배당에서 부모님을 기다리고 있거나 야외 장소로 이동하는 경우도 있을 수 있으니, 부모님들에게 오늘 만남의 장소가 어디인지 정확히 전달해 드리는 것이 좋습니다.

특히 날씨나 당일 공과 활동에 따라 실내 또는 실외 장소 등 유아들의 이동이 있을 수 있는 경우, 교사와 부모님이 길이 어긋나지 않도록 각별히 신경을 써 주셔야 합니다.

참, 실외에서 부모님을 만나는 경우 아이들의 안전에 유의해 주세요. 처음에는 유아도, 선생님도 매우 조심하지만 몇 번 반복하다 보면 익숙해져서 아이들이 선생님의 손을 잡지 않고 혼자 빠르게 간다거나 대형을 이탈해 혼자서 돌아다니는 경우가 발생할 수 있습니다. 부모님에게 아이를 인계할 때까지는 결코 방심해서는 안 된다는 사실, 절대 잊지 마세요!

부모님을 기다리는 동안 지루해하거나 여기저기 뛰어다니거나 부모님이 보고 싶다면서 우는 아이들이 생길 수 있습니다. 따라서 이 시간을 잘 보낼 수 있도록 활동 몇 가지를 준비해 두는 것이 좋아요. 예를 들어, 색종이 접기, 스티커 붙이기, 색칠하기, 그림책 읽기, 간단한 몸 놀이 등이 있습니다.

언젠가 실외에서 부모님들을 기다리면서 했던 "우리 집에 왜 왔니?" 놀이는 선생님 손을 잡고 반 아이들 전체와 옆 반 친구들이 다 같이 참여해서 아이들이 무척 신났던 기억이 납니다.

2. 귀가 후 부모님에게 문자를 보내요

아이들을 모두 귀가시킨 후에는 부모님들에게 오늘 아이들이 드린 예배에 대해 심방 문자를 보냅니다. 부모님들이 우리 아이가 예배에 잘 적응하고 있는지, 어떻게 예배를 드리고 있는지 궁금해하실 수 있으니 예배 사진을 보내 드리면 좋아요. 반 부모님들이 모여 있는 단톡방을 이용해 보세요.

그리고 이번 주 예배의 주요 성경 구절 또는 핵심 주제 등을 공유해 주어 아이들과 부모님의 삶에 말씀이 새겨지도록 도와주세요. 문자 메시지의 내용은 다음을 참고하세요.

> ○○(이) 부모님, 안녕하세요!
> 오늘은 다윗에 대한 하나님의 말씀을 들었는데,
> ○○(이)가 골리앗을 물리친 다윗의 용기에
> 무척 흥미를 가지면서 말씀을 들었답니다.
>
> "네가 가는 모든 곳에서 내가 너와 함께 있어
> 네 모든 원수를 네 앞에서 멸하였은즉
> 땅에서 위대한 자들의 이름같이
> 네 이름을 위대하게 만들어 주리라"(삼하 7:9).
>
> 울지 않고 용기 내서 유아유치부 예배에 잘 참여한
> ○○(이)의 용기에 대해서도 함께 이야기 나눠 보시고
> 격려도 많이 해주세요.
> ○○(이)가 가는 모든 곳에
> 하나님이 함께하실 것을 믿습니다. 아멘!
> 평안한 한 주 되세요. ^^

3. 주중에는 심방 전화나 문자로 안부를 물어요

보통 주일 예배를 하루 앞둔 토요일에 부모님들에게 심방 전화를 하거나 문자를 보내서 아이에게 일주일 동안 특별한 일이 있었는지 안부를 주고받습니다. 주일에 필요한 준비물이 있다면 알려 주기도 하고, 주중에 생일을 맞은 아이가 있다면 축하 메시지를 보내 주고, 아프거나 여행 등으로 오랫동안 교회에 오지 못하는 아이에게는 반 친구들이 영상 편지를 만들어 전해 줄 수도 있겠지요.

그리고 아이가 기도나 헌금 담당이어서 예배 중에 강단 앞으로 나가야 하는 경우 "○○(이)가 다음 주 헌금 담당이에요. 헌금 시간이 되면 선생님과 함께 전도사님이 서 계시는 강단 앞으로 나갈 거라고 알려 주세요" 등과 같이 미리 알려 주어 예배 당일 아이가 당황하지 않도록 해주세요.

생일 파티, 성경 암송, 반 특송, 열매 장터(달란트 시장) 등 주일학교에서 매월 또는 절기별로 이루어지는 행사에 대해서도 가정통신문과 별도로 교사가 미리미리 부모님들에게 개별적으로 알려 주는 것이 좋습니다. 예를 들어, "다음 주에 우리 반 아이들이 예배 중에 다 같이 예배 특송을 할 예정입니다. (찬양 제목과 음원을 공유해 주면서) 아이들과 미리 집에서 들어 보고 따라서 불러 보시면 좋을 것 같아요"라고 문자를 보내면 도움이 되겠지요?

부모님들과만 문자를 주고받지 말고 가끔은 아이들과도 직접 통화를 해보세요. 길지 않더라도, "안녕? ○○(아)야, ○○○ 선생님이야. 잘 지냈어? 우리, 내일 교회에서 만나"라고 하며 선생님의 목소리를 들려줘 보세요. 심방 전화를 부담스러워하는 부모님의 경우에는 문자를 활용해서 지속적으로 소통을 해보세요. 이러한 심방 전화나 문자가 교사에게는 매주 부담이 될 수 있지만 아이들과 부모님들에게는 주일 예배에 대한 기대감, 소속감, 그리고 '주일학교 선생님이 우리 아이의 믿음의 멘토'라는 신뢰감을 줄 수 있습니다.

에피소드 4

어느 날 아이가 주일학교에 다녀와서는 계속 엘사 얘기를 하더래요. 부모님은 '뭐지? 디즈니 애니메이션에 나오는 엘사 이야기를 들었나?' 하며 계속 갸우뚱거렸어요.

그러다가 교사가 보낸 "오늘 예배에서는 에서와 야곱 이야기를 함께 들었어요"라는 문자 메시지를 보고서야 고개를 끄덕거렸다고 합니다. "아, 엘사가 아니라 에서였구나. 하하하!"

아직 정확한 발음이 어려운 유아들과 부모님 사이에 혼란이 있을 수 있어요. 이때 그날 주일학교에서 있었던 일을 간략하게 담은 교사의 문자 메시지가 많은 도움이 되겠지요?

Q&A

Q: 아이가 가끔씩 선생님의 심방 전화를 받지 않으려고 할 때가 있어요.

A: 아이들이 전화를 받지 않는 이유가 있을 테니 서운해하지 마시고, 아이의 의견을 존중해 주는 것이 좋습니다. 부끄러움이 많은 아이는 선생님의 목소리가 반갑고 좋으면서도 표현을 잘 못할 거예요. 또 어떤 아이는 놀이에 집중하느라, 졸려서, 식사 중이라서, 그런가 하면 특별한 이유 없이 전화 받기를 거부할 수 있어요. 일부 부모님들이 "○○(아)야, 주일학교 선생님에게서 전화 왔어. 얼른 와서 받아 봐" 하며 반가운 마음에 전화를 받으라고 채근할 때가 있어요. 이때는 아이를 바꿔 주지 않아도 괜찮다고 부모님을 설득해 주세요. 자칫 심방 전화에 대한 부정적 이미지를 심어 줄 수 있으니까요. 그러고는 부모님에게만 안부를 전하고 대신 아이가 볼 수 있도록 부모님 전화에 다음과 같이 문자를 남겨 두세요. 부모님이 아이에게 문자 메시지를 전해 주면 되니까요.

"○○(아)야, ○○○ 선생님이야. ○○(이)가 감기에 걸려서 지난주에 사랑반에 오지 못했잖아. 그래서 선생님이랑 친구들이 많이 보고 싶었어. 내일 건강하게 만나서 즐겁게 예배드리자. 사랑해♡"

아이가 동의하지 않은 일에 대해 강요하지 않도록 유의해 주세요. 주일학교에서 선생님과 자주 만나면서 친해지면 자연스럽게 선생님과의 통화가 익숙해지고 편안해질 테니 여유를 가지고 기다려 주세요.

4. 말씀 묵상(QT), 말씀 암송, 기도가 생활화되도록 도와줍니다

유아들을 위한 말씀 묵상 자료를 별도로 제작하여 배부해 주는 교회들도 있는데, 단순히 배부로만 끝나지 않도록 교사가 활용 방법에 대해서 부모님들에게 안내를 구체적으로 해주어야 합니다. 별도로 배부하지 않는다면 교사가 좋은 교재를 찾아내어 부모님들에게 추천해 주면 좋겠지요?

단, 일부 가정의 경우 교회에서 주어지는 과제들로 인해 아이와 갈등이 일어날 수도 있으니 주의가 필요합니다. "○○ 부모님, ○○(이)가 이번 주 말씀 묵상을 매일매일 잘하고 있나요?", "저희 반 암송 차례니까 꼭 다 외워서 보내 주세요" 등과 같은 말이 너무 자주 반복되면 부모님들은 심적으로 많은 부담이 될 수 있습니다. 우리 아이만 말씀을 못 외우는 건가 싶기도 하고, 우리 아이만 너무 묵상을 소홀히 했나 하는 죄책감을 가지게 될 수 있거든요.

결과 확인에만 급급해하기보다는, 이번 주 아이와 나눌 성경 말씀과 아이의 눈높이에 맞춰서 말씀을 전달하는 방법을 부모님들에게 알려 주세요. 힘들어하는 아이들의 경우, 매일 조금씩 양을 늘려 가는 방법 등 더 쉬운 적용 방법을 구체적이고 친절하게 안내합니다.

또 다른 방법으로, 교회에서 부모님들과 아이들 대상으로 이루어지는 많은 신앙 프로그램(어머니 학교, 행복한 부모 교실, 어린이 리더 모임, 디모데 제자 훈련, 어와나 등)에 관심을 가지고, 우리 반 아이들과 부모님들에게 적합한 프로그램이 있다면 안내를 해주세요. 교회에 어떤 신앙 프로그램이 있는지 부모님들이 모르시는 경우가 의외로 꽤 많거든요.

교사들 중에 저처럼 자녀가 있는 분이라면 자녀들과 직접 프로그램에 참여해 보고, 그 후기를 나누면서 부모님들에게 추천해 준다면 일석이조의 효과가 있겠죠?

에피소드 5

얼마 전, 대학생이 된 첫째 아이가 15년 전 유치부 주일학교에서 참여했던 '어린이 제자 훈련' 사진 몇 장을 보여 주었습니다.
당시 주일학교 선생님의 권유로 참여했던 '어린이 제자 훈련'은 10주간 토요일마다 아이들과 부모님이 각각 소그룹으로 성경 공부를 하는 과정이었어요. 특히 부모 소그룹에서는 훈련받은 선생님들이 리더가 되어 어떻게 말씀 안에서 아이들을 양육할 것인지를 지도해 주셨지요. 또 집에서 매일 말씀 묵상과 통독으로도 이어졌어요.

사실 아이와 매일 묵상과 통독을 하는 것이 쉽지는 않았지만 부모와 아이가 함께 성장하는 걸 느끼는 시간이었어요. 1년 통독 스티커를 모두 모아 선물을 받고 아이가 정말 좋아했던 기억도 납니다. 모든 훈련 과정을 무사히 마칠 수 있었던 것은 주일학교 전도사님과 선생님의 지속적인 관심과 독려가 있었기 때문이라 생각해요.

그런데 사진을 보다 깜짝 놀란 건, 현재 첫째 아이와 중등부 찬양팀에서 함께 봉사하고 있는 두 명의 멤버들을 사진 속에서 찾아낸 것이었어요.

'와~ 주일학교가 부모님들과 아이들을 함께 키웠구나. 주일학교에서 잘 훈련받은 아이들이 20대 청년이 되어 다시 주일학교로 돌아와 동생들을 위해 또다시 믿음의 씨앗을 나눠 주는구나' 하는 생각에 가슴이 벅차올랐습니다. 그리고 유치부 주일학교에서 교역자와 교사의 섬김은 아이들의 믿음 밭에 소중한 밑거름이 된다는 것을 다시 한 번 확신하게 되었답니다.

7장

행사

행사 준비, 알면 어렵지 않아요!

주일학교에는 절기마다 여러 가지 행사가 있습니다. 교회마다 다르겠지만, 대표적으로 부활절, 어린이날, 추수감사절, 성탄절 행사 등을 들 수 있겠지요. 이처럼 다양한 행사들이 주일학교 교사에게는 어렵고 부담으로 다가올 수 있습니다.

힘들어하는 선생님들에게 도움이 될 수 있도록 이 장에서는 행사를 준비하는 교사의 태도, 유아들의 발달과 특성을 반영한 개별적인 대처 방법, 부모님들과의 소통 방법에 대해 살펴보도록 하겠습니다. (교회 절기 및 주요 행사를 위한 팁은 〈부록 1〉을 참고하세요.)

1. 교사가 먼저 행사의 의미를 바로 알고 적극적으로 참여하는 것이 중요합니다

선생님 스스로 '주일학교 행사니까 나는 어쩔 수 없이, 또는 당연히 참여하는 거야'라는 생각을 가지고 있다면 책임감과 부담감만 클 거예요. 먼저, 교사가 이 행사(또는 절기)의 의미를 제대로 알고 아이들의 눈높이에 맞춰서 어떻게 쉽게 전달해 줄 수 있을지 고민해 봐야 합니다.

그 방법을 찾았다면, 무조건 아이들을 위해서 행사를 열심히 준비하는 것에만 집중하기보다는 '나도 아이들과 함께 행사를 마음껏 즐겨야지'라는 적극적인 마음으로 참여해 보세요. 훨씬 더 의미 있고 즐거운 시간이 될 거예요.

2. 유아들의 경우, 발달적으로 모든 행사에 자발적으로 참여하는 것이 어렵습니다

1) 모두 다 참여해야 한다는, 원팀 의식을 주의하세요

"100% 행사 참여율 달성"이라는 모토 아래, 반 아이들을 무조건 행사에 참여시키는 경우가 없는지 되돌아보세요. 유아들은 주일학교에서 이루어지는 모든 행사의 취지와 목적을 정확히 알지 못합니다. 선생님들은 이 점을 이해하고 행사에 참여하기 싫어하는 아이들의 경우 억지로 강요해서는 안 됩니다.

가정에서의 일대일 상황이 아닌 집단 형태의 주일학교 상황에서 교사는 '우리 반 아이들은 한마음 한뜻으로 다 같이 한 방향으로 나아가야 한다'는 지나친 '원팀'(ONE team) 의식을 가지게 될 수 있습니다. 이때 유아들이 교사의 뜻에 순조롭게 따라오면 교사는 마음이 편안합니다. 하지만 그렇지 않은 경우 교사는 조급함이 앞서 아이들을 한 명, 한 명 이해하고 개별적으로 배려하기보다는 교사 주도적으로 이끌어 가야 한다는 잘못된 부담감을 갖게 될 수 있답니다.

어떤 상황에서 내가 어떤 행동을 할지를 선택하고 실행하는 것은 유아의 몫입니다. 교사는 옆에서 유아가 상황에 적절한 행동을 할 수 있도록 격려하고 안내하는 역할을 하지만, 교사의 일방적인 선택과 강요, 주도적인 실행은 오히려 역효과를 일으킬 수 있어요. 따라서 유아가 스스로 참여에 대해서 선택하도록 기다려 주는 것이 중요합니다.

2) 성과주의를 조심하세요

'우리는 하나'라는 원팀 의식을 내려놓았다면, 다음에 할 일은 교사가 실수 없이 완벽하게 잘해 내겠다는 지나친 욕심, 즉 과도한 성과주의적 목표를 내려놓는 거예요. 행사의 본래 취지가 무엇인지 되돌아보세요. 이 행사를 이끄는 리더는 교사가 아닌 주님이심을 깨달아야 합니다. 행사를 통해 아이들과 교사가 모두 즐거워하고 주님 안에서 은혜를 누려야 한다는 사실을 잊지 말고 하나님께 기도하며 준비해야 합니다.

한 예로, 성탄절 행사에 아이들의 완벽한 율동 지도와 예쁜 무대 의상 준비에만 집중하느라 정작 예수님 탄생에 대한 기쁨과 감사를 제대로 누리지 못한다면 얼마나 허망한 행사겠어요? 그런 예배를 하나님이 기뻐하실까요?

3. 아이들의 특성을 파악하여 개별적인 배려가 필요합니다

행사를 준비할 때 힘들어하는 아이들을 위해 교사가 개별적으로 도울 수 있는 방법에 대해 조금 더 구체적으로 살펴보도록 하겠습니다.

1) 행사에 전혀 참여하지 못하거나 수동적으로 참여하는 아이

기질적으로 부끄러움을 많이 느끼고 사람들 앞에 잘 나서지 못하는 내성적인 기질을 가진 아이거나 발달이 또래보다 늦어서 교사의 안내대로 잘 따라오지 못하는 아이 등이 있을 수 있습니다.

이 경우 참여를 억지로 강요하지 마세요. 아이의 의견을 존중해 주세요. 또래 아이들이 참여하는 모습을 보면서 스스로 흥미를 느끼다 보면 다음 번 행사에는 참여하고 싶다는 마음이 자발적으로 들 수 있습니다. 마음에 여유를 가지고 천천히 기다려 주는 것이 좋습니다. 또래 아이들이 무대에서 노래를 부르고 있다면 관객으로서 열심히 박수를 보내고 응원하는 역할도 중요하다는 점을 일깨워 주세요.

- "나는 여기에서 구경만 하는 게 더 좋아요"라고 수줍게 말하는 아이: "○○(이)는 친구들을 구경하는 게 더 좋은가 보구나. 우리,

친구들을 위해서 박수를 보내면 어때?"
- "나는 노래는 부르고 싶은데, 춤은 추기 싫어요…"라고 주저하며 자기 의사를 표현하는 아이: "○○(이)가 노래 부르는 건 좋은데 춤은 추기 싫었나 보구나. 그럼 지금은 노래만 불러도 돼."
- 아주 작은 목소리로 "선생님, 나 이제 하고 싶어요…" 하며 처음에는 하기 싫어했다가 마음을 바꾼 아이: "○○(이)도 무대에 올라가서 노래 부르고 싶구나. 선생님한테 얘기해 줘서 고마워. 선생님이랑 같이 올라가 볼까?"

아이들 각자의 성향과 특성을 잘 파악해 천천히 기다려 주는 개별적인 배려가 필요해요. 이러한 교사의 기다림과 배려를 경험한 아이의 경우 변화될 수 있어요. 비록 이번 행사에는 참여하지 못했더라도, 기다림의 과정을 통해 스스로 동기 부여가 되어 다음 행사에는 스스로 참여하기를 선택할 수 있는 힘이 생길 거예요.

2) 과행동을 보이거나 지나치게 교사의 안내를 따르지 않는 아이

앞서 2부 2장 "맞이하기"에서 과행동을 보이는 아이를 대할 때와 같이, 무조건 아이의 행동을 제지하고 교사의 안내를 따르도록 강요하기보다 아이가 왜 그런 행동을 하는지 원인을 살펴보고, 아이의 의견이 반영되도록 도와줍니다. 과행동을 보이는 아이는 대개 놀이성이 높거나 관심 받고 싶어 하는 경우일 수 있거든요.

따라서 선생님은 아이의 행동을 너무 엄하게 제한하기보다 관심을 보이고 반응해 준 후 주의를 전환시켜 주는 것이 좋습니다. 이때 진심으로 반응하되, 너무 호응해 주어선 안 됩니다. 모든 아이가 이 아이를 따라 하게 될 수 있거든요. 그러면 진행에 어려움이 생길 수 있으니, 그 상황을 가볍게 지나가도록 해보세요. 아이의 감정(속마음)은 수용해 주되, 지나치거나 잘못된 행동은 제한하고 대안을 마련하는 것이 중요하답니다.

- 모두가 손을 위로 들어 반짝반짝하는 동작을 하고 있는데, 혼자서만 엉덩이를 흔들흔들하고 있는 아이: "○○(이)는 별이 반짝반짝 빛나는 걸 엉덩이를 흔들어서 표현하고 싶었나 보구나. 재미있는 생각이네(공감). 커다란 별을 만들려면 다 같이 손을 흔들어야 하는데 이번에는 ○○(이)도 친구들처럼 손으로 표현해 보면 어때(대안 제시)?"
- 교사가 오른쪽으로 움직이라고 했는데, 일부러 혼자서만 왼쪽으로 가면서 대형을 이탈하는 아이: "○○(이)가 계속 왼쪽으로 움직이니까 우리가 만드는 별 모양이 찌그러져서 너무 아쉽다[나 전달법(I-message) 사용]."
- 노래를 부르는 대신 고래고래 소리 지르며 전체 진행과 집중을 방해하는 아이: "○○(이)가 계속 큰 소리를 내니까 다른 친구들이 귀가 아프대. 혹시 ○○(이)는 작은 소리도 내 볼 수 있을까?"

행사다 보니 교사 입장에서는 '꼭 이렇게 해야 한다'는 정해진 틀이 생길 수 있습니다. 하지만 정해진 방식대로, 획일적으로 해야 한다는 생각은 잠시 내려놓으세요. 행사의 취지와 목표를 떠올리고, 행사 진행에 크게 방해가 되지 않는다면 아이들이 나만의 방식으로 충분히 즐길 수 있도록 공감해 주는 것이 좋습니다. 함께 만들어 가는 과정을 아이들이 충분히 경험하게 해주세요.

> ### 전문가의 Tip 〈나 전달법(I-message)〉
>
> - '나 전달법'(I-message)은 상대방과의 관계에서 화가 나거나 문제의식을 가지게 될 때, 상대방의 행동과 그 행동으로 인해 가지게 되는 나의 감정을 분리해서 하고 싶은 말을 명확하게 전달할 수 있는 의사소통 기법입니다.
> - 앞서 살펴본 '교사가 오른쪽으로 움직이라고 했는데, 일부러 혼자서만 왼쪽으로 가면서 대형을 이탈하는 아이'의 예를 가지고 다시 살펴볼까요?
> - 이때 교사가 아이에게 "○○(이)가 계속 왼쪽으로 움직이니까 우리가 만드는 별 모양이 다 찌그러졌어. 네가 그렇게 하면 안 돼"라고 한다면, 아이 입장에서는 "네가 그렇게 해서 별 모양이 안 만들어졌어. 너 때문이야"라고 해석될 수 있습니다. 이런 표현은 '너 전달법'(You-message)이라 하며, 상대방의 저항을 불러일으킬 수 있습니다.
> - 하지만 아이의 어떤 행동과 그 행동으로 인한 교사의 감정이나 느낌을 분리해서 "○○(이)가 계속 왼쪽으로 움직이니까(아이의 행동) 우리가 만드는 별 모양이 찌그러져서(행동으로 인한 결과) 너무 아쉽다(말하는 이의 감정)"라고 전달하게 되면, 아이의 행동에 비판이나 비난이 섞이지 않고 있는 그대로의 행동을 서술하게 되므로, 유아의 저항과 긴장을 훨씬 덜 일으키게 됩니다. 따라서 교사와 유아의 관계도 건전하게 유지되고, 아이 스스로 자신의 행동을 돌아보고 수정하게 되는 효과를 기대할 수 있습니다.

4. 가정에 행사 취지를 정확히 알려 주고 가능한 한 개별적으로 안내해 주세요

보통 주일학교에 행사가 있으면 가정통신문을 통해 미리 가정에 그 내용을 전달합니다. 하지만 몇몇 부모님들의 경우, 아이를 통해 전달되는 가정통신문을 자세히 읽어 보지 않고 그저 아이들만 참여하는 행사 정도로 이해하고 넘어가곤 합니다. 따라서 교사가 별도로 심방 전화를 걸어 부모님들에게 행사의 취지와 각 가정에서 준비해야 하는 것들, 또 참여하는 방법 등을 자세히 설명해 주는 것이 좋습니다. 특히 부활절, 성탄절과 같이 주요 절기의 의미를 기억하고자 갖는 행사라면 이벤트성으로 변질되지 않도록 주의하세요. 이를 위해 부모님들에게 준비 단계에서부터 기도로 동참해 달라고 부탁하는 것도 매우 중요합니다.

또한 성탄절 행사와 같이 아이들이 율동이나 찬양으로 참여하는 경우, 사전에 율동과 찬양 영상을 찍어서 각 가정에 전달해 아이들이 집에서도 율동을 따라 해 볼 수 있도록 도와주는 것이 좋습니다. 연습 효과도 있지만, 부모님들이 아이들과 함께 영상을 반복적으로 보면서 아이들과 함께 즐기게 됩니다. 그러면 부모님들도 행사의 관객이 아니라 주인공이 되어 행사에 보다 적극적으로 참여하게 되겠지요?

지금까지 주일학교에서 유아들의 예배를 돕는 방법에 대해 알아보았어요. 이 밖에 교회 절기 및 주요 행사나 최근 사회적 거리 두기로 새롭게 경험하게 된 온라인 모임을 위한 자료는 〈부록 1, 2〉를 참고하세요.

교회 절기 및
주요 행사를 위한 Tip

주일학교에서 이루어지고 있는 주요 행사별(부활절, 어린이날, 추수감사절, 성탄절) 구체적인 준비 방법을 알아봅시다. 먼저, 각 행사(또는 절기)에 대해서 아이들에게 그 의미를 어떻게 쉽게 전해 줄 수 있을지 알아보고, 행사에서 할 수 있는 활동과 행사 준비 시 유의 사항에 대해 살펴보겠습니다.

부활절

유아들의 발달 특성상 예수님의 십자가와 부활의 의미를 온전히 이해하기에는 어려운 부분이 있습니다. 아이들에게 부활절을 뭐라고 알려주면 좋을까요?

1. 부활절의 의미

"이르시기를 인자가 죄인의 손에 넘겨져 십자가에 못 박히고 제삼일에 다시 살아나야 하리라 하셨느니라 한대"(눅 24:7).

유아들에게 예수님의 십자가와 부활의 의미에 대해 이렇게 설명해 주세요.

"예수님은 우리를 너무 사랑하셨어요. 그래서 죄가 많은 이 세상 모든 사람을 위해서 대신 죽으셨지요. 하지만 예수님은 하나님의 아들이시기 때문에 죽음을 이기고 약속하신 대로 3일 만에 다시 살아나셨어요. 이렇게 죽었다 다시 살아나는 것을 '부활'이라고 해요. 예수님은 부활하셔서 우리에게 영원한 생명과 천국을 선물로 주셨어요. 이렇게 기쁜 날을 축하하는 날이 바로 부활절이에요."

2. 부활절에 할 수 있는 활동

교회마다 다르기는 하지만, 보통 부활절에는 아이들이 직접 행사를 준비해 참여하기보다는 교사들이 연극, 그림자극, 인형극 등 다양한 방식으로 부활절 예배를 준비해 아이들에게 소개하거나 전달하는 경우가 많습니다. 아이들에게 부활절의 의미를 보다 쉽게 알려 주기 위해서겠지요.

연극 경험이 전혀 없거나 무대 체질이 아니더라도 너무 염려하지 말고 한번 도전해 보세요. 아마도 그 과정에서 생생한 은혜를 누리게 될 거예요. 저도 유아부 부활절 인형극에 참여한 적이 있는데 같이 참여한 교사들과 무한 반복 연습을 하면서 관계가 더 돈독해지고, 부활의 감격을 더 크게 느꼈던 기억이 납니다.

유아들에게 죽음과 부활은 여전히 어려운 메시지일 거예요. 시각 자극에 민감한 유아들을 위해 예수님의 고난과 부활을 상징하는 예배당 환경을 꾸밈으로써 부활의 메시지를 전달하려고 노력해 보는 것도 좋습니다. 다음에 제시하는 〈유아들의 오감 발달 자극을 활용한 부활절 활동 예시〉인 "예수님의 길을 따라 걸어요"를 참고해 보세요.

〈유아들의 오감 발달 자극을 활용한 부활절 활동 예시〉

활동명
"예수님의 길을 따라 걸어요"

활동 목표
고난주간에 예수님이 가신 길을 걸으며 예수님이 겪으신 고난을 느끼고 체험해 본다.

활동 방법
① 투박하고 거친 느낌의 소재(수세미, 빨래판 등)를 활용해 '고난의 길'을 상징하는 촉감 발판을 만들어 둔다.
② 아이들이 스티로폼으로 만든 대형 십자가를 지고 '고난의 길'을 걷는다.
③ 죽음을 의미하는 무덤(검은 천을 이용해 터널처럼 지나갈 수 있도록 만듦)을 지나간다.
④ 부드러운 느낌과 흰색의 소재(솜, 털, 부직포 등)를 활용해 '부활의 길'을 만든 후 걸어간다.
⑤ 식탁 위에 빵과 포도 주스를 준비해 놓고 애찬식을 진행한다.
⑥ "예수님이 부활하셨어요!" 라고 큰 소리로 외친다.

3. 유의 사항

유아유치부에서 부활절 행사로 많이 하는 또 다른 활동은 부활절 달걀 꾸미기, 부활절 달걀 숨기고 찾기 등입니다. 많은 교회가 알록달록 예쁘게 꾸민 일명 '부활절 달걀'(Easter Egg)을 서로 주고받으며 부활의 기쁨을 나누는데, 이는 유아들이 무척 좋아하는 행사이자 놀이입니다. 발달 단계상 유아기는 무언가를 숨기고 찾는 숨바꼭질 놀이를 즐기는 시기거든요.

그런데 선생님들이 유의해야 할 것이 있습니다. 우리 반 아이들이 꾸밀 달걀을 사고 삶고 꾸미는 일에 몰두한 나머지, 정작 예수님의 부활의 의미를 전하는 걸 놓칠 수가 있습니다. 달걀에만 초점이 맞춰지면 유아들은 '부활절 = 달걀 받는 날, 달걀 꾸미는 날'로만 기억할 수 있으니 반드시 준비 과정을 점검해 봐야 합니다.

부활은 예수님이 죽음의 권세를 이기고 승리하셨음을 보여 준 역사적 사건으로서, 예수 그리스도가 친히 십자가에서 죽으시고 부활하심으로 우리에게 영원한 생명과 소망을 주신 것입니다. 즉 예수님의 부활이 곧 복음인 거지요.

초대 교회 성도들은 예배 때마다 이렇게 인사했다고 합니다.

"예수님이 부활하셨습니다! 진실로 부활하셨습니다!"

지금도 이 인사는 동방 교회를 비롯한 여러 교회의 부활절 전통에 남아 있다고 해요. 이번 부활절에는 우리 반 아이들과 다 같이 한목소리로 인사를 나눠 보아요.

"예수님이 부활하셨습니다! 진실로, 진실로 부활하셨습니다!"

2

어린이날

1. 어린이날의 의미

아동복지법에는 "어린이에 대한 사랑과 보호의 정신을 높임으로써 이들을 옳고 아름답고 슬기로우며 씩씩하게 자라나도록 하기 위하여 매년 5월 5일을 어린이날로 하며, 5월 1일부터 5월 7일까지를 어린이주간으로 한다"는 내용이 명시되어 있습니다. 어린이날은 이처럼 우리 아이들이 즐겁게 놀며 행복을 누리는 날이자, 동시에 부모님과 교사들이 이 귀한 씨앗들을 믿음의 토양에 심으며 잘 자라기를 축복하는 날입니다.

성경에서는 어린아이에 대해 이렇게 얘기합니다.

"그때에 제자들이 예수께 나아와 이르되 천국에서는 누가 크니이까 예수께서 한 어린아이를 불러 그들 가운데 세우시고 이르시되 진실로 너희에게 이르노니 너희가 돌이켜 어린아이들과 같이 되지 아니하면 결단코 천국에 들어가지 못하리라 그러므로 누구든지 이 어린아이와 같이 자기를 낮추는 사람이 천국에서 큰 자니라 또 누구든지 내 이름으로 이런 어린아이 하나를 영접하면 곧 나를 영접함이니"(마 18:1-5).

예수님이 이처럼 사랑하시는 우리 아이들이 마음껏 뛰어놀 수 있도록 어린이날에 교회에서는 특별 행사를 준비하는 경우가 많습니다. 아이들에게 선물을 주기도 하고 놀이공원처럼 꾸며 놓는 등 아이들을 위한 신나는 날을 만들어 줍니다. 유아들이 어떤 생각을 할까요? '아! 재미있다. 행복하다. 교회란 이렇게 즐거운 곳이구나' 하지 않을까요? 모든 아이가 토요일 저녁마다 "빨리 아침이 되어 주일학교에 가고 싶어요"라는 고백을 할 수 있었으면 좋겠습니다.

종종 주변에서 이런 간증을 들을 때가 있습니다.

"어린이날에 친구를 따라서 교회에 갔는데 맛있는 간식을 나눠 줬어요. 그게 너무 좋아서 그때부터 교회에 나갔어요."
"어린이날에 교회에서 내가 모은 달란트로 갖고 싶은 장난감을 사서 좋았어요."

우리 아이들이 매주 예배드리러 오는 교회가 정말 좋은 곳이라는 사실을 깨달았으면 좋겠습니다. 아니, 비록 지금은 모르더라도 언젠가 커서 어린 시절을 회상할 때 '내가 갔던 그 교회에서 정말 재미있고 신나게 놀았었지' 하고 기억할 수 있게 되기를 바랍니다. 특히 어린이날 교회에 와서 받은 사랑과 축복이 평생을 살아가는 힘이 되면 좋겠습니다.

2. 어린이날에 할 수 있는 활동

많은 교회가 어린이날에 놀이공원과 같이 다양한 활동 부스들을 마련해 미끄럼틀, 바운서 타기, 물놀이, 보물찾기 등 재미있는 놀이를 실컷 할 수 있게 해줍니다. 신나게 놀고 돌아가는 아이들에게 우리 선생님의 축복이 담긴 액자를 직접 만들어 선물하며 이렇게 말하고 기도해 주면 어떨까요?

"오늘은 어린이날이야. 예수님은 너희처럼 착하고 순수해야 천국에 들어갈 수 있다고 말씀하셨대. 너희들은 천사 같은 존재란다. 사랑해. '하나님, 우리 아이들이 하나님의 멋진 자녀들로 건강하고 밝게 잘 자라서 세상을 환하게 밝혀 주는 빛이 되기를 기도합니다. 예수님의 이름으로 기도드립니다. 아멘.'"

<마음이 담긴 액자 선물>

환하게 웃고 있는 유아 사진

기도의 용사 ○○(아)야,
너는 하나님의 귀한 보물이란다.
건강하고 멋지게 자라 주렴.
사랑하고 축복한다.

문구 예시　큰 목소리와 예쁜 율동으로 하나님을 찬양하는
찬양의 용사(아이의 특징을 살려서 각기 다른 수식어로 작성) ○○(아)야,
너는 하나님의 귀한 보물이란다.
건강하고 멋지게 자라 주렴.
사랑하고 축복해요.

3. 유의 사항

　어린이날 행사를 준비하면서 너무 재미만을 추구하는 이벤트성의 행사만 계획하기보다는 우리 반 믿음의 씨앗들 한 명, 한 명을 생각하며 더 간절히 기도하는 시간을 가져 보세요. 우리 아이들이 즐거운 어린이날 행사를 통해 몸도 마음도 한 뼘씩 더 자라고, 행복한 믿음의 추억을 하나 더 쌓아 가는 시간이 될 수 있기를 바랍니다.

3
추수감사절

1. 추수감사절의 의미

추수감사절의 의미에 대해 아이들에게 설명해 주세요.

"추수감사절은 1년 동안 하나님이 우리를 보살펴 주시고 축복해 주셔서 풍성한 수확을 거두게 해주신 것에 대해 감사를 드리는 날이에요. 추수감사절에는 하나님께 감사의 마음을 담아 예물을 드리며 감사 예배를 드려요."

추수감사절에 성도들은 보통 땅에서 수확하는 과일이나 채소를 예물로 드립니다. 하지만 아이들에게는 그 의미가 잘 전달되지 않을 수 있어요. 그러다 보면 추수감사절 하면 단지 '교회에 배, 사과, 감을 가져가는 날' 정도로 기억할 수도 있지 않을까요? 혹시 우리 아이들은 너무 어려서 복잡하게 설명하면 어려울 것 같아서, "다음 주에는 집에 있는 과일을 가져와서 하나님께 감사드리자"라고 간단명료하게 전달하는 선생님이 계시지는 않겠지요?

2. 추수감사절에 할 수 있는 활동

우리 아이들과도 추수감사절의 의미를 함께 나눠 보세요. 유아들은 비록 어리지만 자신의 생각을 직접 말로 표현할 수 있습니다. 그러므로 반드시 추수감사절 하면 과일로만 제한하지 말고 '올 한 해 동안 하나님께 감사드리고 싶은 것이 무엇인지' 함께 이야기를 나누는 활동을 해보세요.

누군가는 '동생이 태어나서', '장난감 자동차가 생겨서' 감사하다고 표현할 수 있습니다. 하나님께 감사드리는 이야기를 충분히 나누고 나면 이어서 땅에서 수확하는 과일과 채소 등 예물에 대해서도 이야기를 나누어 봅니다.

또 예배 때 감사 예물을 가지고 와서 친구들과 함께 나누어 먹는 경험을 하게 합니다. 이를 위해 추수감사절이 오기 전에 가정통신문과 심방 전화 등을 통해 부모님들에게 준비물을 잘 안내해 주세요. 그리고 감사 예물을 손에 들고 온 아이들에게는 이렇게 말해 주면 좋겠지요?

"우리 반 친구들이 하나님께 가져온 예물들이 무엇인지 보여 줄 수 있나요? 와! 하나님이 정말 많은 것을 우리에게 주셨군요. 하나님, 감사합니다."

3. 유의 사항

혹시 깜빡하고 감사 예물을 가져오지 않은 아이가 있을 수 있으니, 선생님들이 여유 있게 몇 개 더 준비해 오시면 좋습니다. 그래서 감사 예물을 앞으로 가져다 놓을 때 모든 아이가 다 참여할 수 있도록 기회를 주세요. 누가 무엇을 가져왔는지가 중요한 것이 아니라, 하나님이 주신 것들에 감사하는 것, 그리고 그 수확물들을 친구들과 함께 기쁨으로 나누는 것이 더 중요하다는 사실을 아이들이 알 수 있도록 해주세요.

성탄절

1. 성탄절의 의미

"지극히 높은 곳에서는 하나님께 영광이요 땅에서는 하나님이 기뻐하신 사람들 중에 평화로다 하니라"(눅 2:14).

성탄절 하면 어떤 이미지가 생각나시나요? 혹시 성탄절 행사를 기획하면서, 교회 선생님이 산타 할아버지 복장을 하고 아이들에게 선물을 나눠 주어야겠다고 생각하지는 않으시겠지요? 예수님의 탄생을 축하하는 성탄절은 교회 절기 중에 가장 기쁜 날이라고 생각해요. 하지만 생일 축하를 받으셔야 할 주인공이 예수님이신데, 썰매를 탄 산타 할아버지와 산타로부터 선물을 받기 위해 착한 일을 하는 우리 아이들이 주인공이 되어 있지는 않은지 한 번쯤 생각해 보면 어떨까 싶습니다.

우리 아이들에게 예수님이 이 땅에 오신 이유는 나 때문이라는 것을, 그리고 예수님이 마구간에서 태어나신 바로 그날이 성탄절임을 알려 주세요.

"하나님은 우리를 사랑하셔서 하나뿐인 아들 예수님을 우리 곁으로 보내 주셨어요. 예수님은 우리를 살리기 위해, 나 ○○(이)를 구원하기 위해 이 땅에 사람의 몸으로 태어나셨어요. 오늘이 아기 예수님이 마구간에서 태어나신 것을 기념하는 날, 바로 성탄절이에요. 예수님의 그 사랑에 감사하고 축하합니다. 우리 모두 아기 예수님이 태어나신 날을 다 같이 기뻐하며 경배를 드려요."

2. 성탄절에 할 수 있는 활동

선생님들은 유아들이 성탄절의 의미를 잘 이해할 수 있도록 마구간에서 태어나신 아기 예수님, 별을 보고 예수님의 탄생을 축하하기 위해 찾아온 동방 박사들의 이야기를 들려줍니다. 이때 아이들이 좋아하는 인형극과 성극 등을 활용하면 집중도와 흥미를 높일 수 있답니다.

또 유아기 아이들이 좋아하는 놀이 중 하나가 바로 생일 축하 놀이입니다. 케이크에 초를 꽂고 켜고 끄기를 여러 번 반복해도 지치지 않고 즐거워하지요. 성탄절을 준비하면서 아이들과 예수님의 생일을 어떻게 축하해 주고 싶은지 이야기를 나눠 보세요. 생일 축하 노래 부르기, 예수님께 드리고 싶은 선물 준비하기, 다양한 모양 종이를 준비해서 축하 그림 카드를 만들어 유아유치부 예배실 벽면 꾸미기 등도 좋을 것 같아요. 교사들 위주의 축하 파티보다 아이들의 아이디어를 모아서 다 같이 준비해 보면 더 의미 있지 않을까요?

3. 유의 사항

성탄절에는 우리 아이들이 찬양과 율동으로 예수님의 생일을 축하해 드리는 경우가 많습니다. 아이들이 무대에 서서 찬양하는 모습을 보고 싶어서 대부분의 부모님들이 참여 신청을 합니다. 이때 부끄럼을 많이 타는 아이의 경우, 연습 과정을 힘들어할 수도 있으니 선생님들의 개별적인 관심이 필요합니다. 모두가 똑같은 율동을 해내는 것을 목표로 삼기보다는 아이들이 정말 기쁜 마음으로 예수님의 생일을 축하하는 파티에 참여하고 있다는 것을 알려 주세요.

열심히 연습했는데도 막상 무대에 올라가면 동작을 다 잊어버리고 멍하니 서 있기만 하는 아이가 있어요. 울음이 터져서 계속 우는 아이도 있고, 아빠, 엄마를 발견하곤 계속 손을 흔들기만 하는 아이도 있지요. 그 와중에 꿋꿋하게 앞을 보면서 모든 찬양과 율동을 완벽하게 해내는 아이도 있습니다. 모두가 다 얼마나 사랑스러운지요! 하나도 똑같지 않은 아이들의 모습에서 천사들의 모습이 느껴집니다.

그러니 똑같은 동작으로 완벽한 무대를 만드는 것에 목표를 두지 마세요. 지금 이대로의 모습으로도 하나님은 기뻐하실 테니까요.

유아유치부 온라인 모임을 위한 Tip

화상으로 유아들과 모임을 갖는 것은 사실 매우 어려운 일입니다. 무엇이든 직접 만지고 느끼고 경험하며 세상을 배워 가는 시기이자 아직 언어적·비언어적 의사소통 능력이 충분히 발달하지 않은 유아기에 다른 공간에 있는 선생님, 친구들과 화면으로 소통하는 데는 한계가 있으니까요. 그리고 어쩌면 선생님들에게도 어렵고 부자연스러운 상황일 수도 있겠네요. 우리는 어릴 적 온라인으로 누군가와 만나 본 경험이 없기 때문이에요.

유아들과 온라인 모임을 진행해야 할 때 기억하면 좋은 몇 가지 팁을 공유합니다.

1. 배경은 깔끔하게, 교사의 얼굴은 밝게

유아들과 그림책을 읽다 보면, 혹은 함께 산책을 하다 보면 어른들은 발견하지 못한 아주 작은 것에도 관심을 갖는 아이들의 모습을 볼 수 있지요. 즉 유아들은 어른들이 대수롭지 않게 여기는 아주 작은 것에도 집중이 쉽게 흐트러질 수 있습니다. 따라서 유아들이 온라인 모임에 더 잘 집중하도록 돕기 위해서는 선생님 뒤쪽에 보이는 배경이 아무것도 없이 깔끔한 것이 좋습니다. 깔끔한 공간 마련이 어렵다면 가상 배경을 활용해 보세요.

또한 온라인 모임의 경우 오프라인에서 만날 때보다 선생님의 얼굴을 더 오래, 더 가까이에서 바라보게 되기 때문에 사전에 카메라의 각도나 조명 등을 확인해야 합니다. 카메라가 얼굴을 너무 밑에서, 혹은 너무 위에서 비추고 있지는 않는지, 얼굴이 너무 밝거나 너무 어둡게 보이지는 않는지 살펴보세요. 그리고 단정하고 화사한 얼굴로 유아들을 맞이할 수 있도록 해주세요.

2. 선생님의 요구(유아들이 해야 할 말이나 행동)는 자세하고 명확하게

발달 단계상 유아들은 어른들처럼 분위기를 살펴 눈치껏 반응하는 일이 참 어렵습니다. 또한 화면상에서 선생님이 보내는 비언어적 신호(고갯짓이나 눈짓 등)들이 정확히 전달되기도 어렵지요.

그렇다 보니 선생님이 "얘들아, 안녕!" 하고 전체 유아들에게 인사를 건네거나 "예배는 잘 드렸니?", "이때 요나의 마음은 어땠을 것 같아?" 등 질문을 했을 때 유아들이 잘 대답하지 않아 어색한 분위기가 조성되기도 해요.

그럴 땐 선생님이 유아들에게 기대하는 말이나 행동을 좀 더 정확하게 이야기해 주면 좋습니다. 예를 들어, "오늘 예배드린 친구는 손을 들어 볼까? 아하! ○○, ○○, ○○, ○○, 모두 집에서 예배를 잘 드렸구나", "만약 ○○(이)가 바다에서 배를 타고 가는데 마구 바람이 불고 파도가 친다면 어떤 마음이 들 것 같아?"와 같이 이야기하는 것이지요. 유아들에게 기대하는 대답이나 행동을 오프라인 때보다 더 명확하게 짚어 주면서 이야기하면 아이들의 적극적인 반응을 유도하는 데 도움이 된답니다.

3. 몸을 많이 움직이도록 기회 주기

선생님의 이야기를 수동적으로 듣기만 하는 것은 아이들이 교회 외에서도 얼마든지 경험하고 있을 거예요. 따라서 단순히 선생님이 이야기를 전달하는 방식의 활동보다는 손으로 모양 만들기, 몸짓으로 설명하거나 흉내 내기, 다양한 몸짓으로 대답하기, 집에 있는 물건 찾아오기, 화면에서 특정 그림이나 모양 찾기 등 유아들이 몸을 많이 움직일 수 있는 기회를 만들어 주세요. 그러면 온라인 모임의 한계를 많이 해결할 수 있습니다.

또한 집중도가 높은 온라인 모임의 특성을 활용해 유아들 한 명, 한 명의 표현이나 이야기에 충분히 반응하고 수용해 준다면 보다 즐겁고 의미 있는 시간으로 만들 수 있을 거예요.

4. 사전 준비는 철저히

온라인 모임 역시 오프라인 모임을 준비하는 것과 마찬가지로 사전 준비와 연습이 반드시 필요합니다. 특히 선생님이 온라인 모임을 인도해 본 경험이 많지 않다면 사전 연습이 더욱더 중요하겠지요. PPT 자료를 사용할 경우 화면 전환이 잘되는지, 적용된 애니메이션 효과가 잘 나타나는지 등을 살펴보고, 아이들 앞에서 하듯 머릿속으로, 혹은 실제로 입으로 소리를 내며 공과를 진행해 보세요.

또 화면 공유는 잘되는지, 영상 등을 사용할 경우 소리는 잘 전달되는지, 아이들에게는 어떤 화면이 보이는지 등을 사전에 반드시 확인해 두어야 합니다. 그래야 모임 중 불필요하게 버려지는 시간을 줄이고 유아들의 관심과 집중이 흐트러지는 것을 막을 수 있답니다.

혹시 유아들과 만들기 등을 하게 된다면 만들기 재료와 손의 움직임이 더 잘 보여야 하므로 미리 카메라 각도를 조정해 보고 책상 위를 깨끗하게 준비해 두는 것이 좋겠지요?

5. 마무리도 따뜻하고 재미있게

천천히 인사를 주고받고 스킨십도 하며 헤어지는 오프라인 모임과 달리 온라인 모임은 '회의 종료' 버튼을 누르는 순간 한 번에 모두와 헤어지게 되지요. 유아들에게 너무 갑작스러운 헤어짐이 되지 않도록 모임을 어떻게 마무리할지 고민해 보세요.

모임 주제를 정리하는 말을 생각해 보거나, 모임에서 '나가기' 버튼을 혼자 누를 수 있는 연령이라면 퇴장 순서를 재미있는 게임으로 정해 보는 것도 좋습니다. 유아들을 지목해서 서로 인사를 주고받도록 하거나 헤어질 때 나눌 수 있는 축복의 인사말 등을 정해 보세요. 그러면 버튼 클릭과 함께 일순간 모임이 끝나 버릴 때 찾아오는 삭막함과 아쉬움을 줄일 수 있을 거예요.

어느덧 온라인 모임이 우리 사회의 중요한 소통 방식으로 자리 잡았고 계속해서 확장되어 가고 있어요. 유아들은 컴퓨터 앞에 오래 앉아 있는 것이 어렵지만, 아이들의 가정과 소통할 때 온·오프라인 혼합(blended) 방식을 적용해 보는 것은 어떨까요?

예를 들어, 가정에서 해야 할 성경 암송이나 찬양 연습, 신앙 훈련 미션 등을 부모님과 유아들이 온라인으로 모인 자리에서 안내하거나, 가족들이 실시간으로 서로를 축복하고 기도하는 시간을 진행해 보는 것이지요. 사정상 교회에 나오지 못해 자주 못 만나거나 유아유치부 예배 전후로 짧게밖에 만날 수 없었던 유아들의 가족들과 서로 얼굴을 익히고 신앙의 공동체로서 만날 수 있는 좋은 방법이 될 거예요.

처음에는 많이 낯설고 불편하게만 느껴졌던 온라인 모임도 우리 유아유치부 아이들과 가족들을 섬기는 선한 도구로 잘 사용되었으면 좋겠습니다.

연령별 어린이 추천 도서

1. 영유아 (0-4세)

<성경 동화>

우리 아기 첫 성경 세트(전 3권)

김은혜 글 | 김은혜, 이혜진, 이인화 그림

발달 단계에 맞춘 우리 아기 첫 성경 시리즈인 초점성경, 까꿍성경, 무릎성경! 시각 · 두뇌 · 정서 발달과 함께 하나님의 말씀으로 우리 아기들이 지혜롭게 자라나도록 돕는다. (특별 부록: 아기 성장 카드 10p)

말씀과 함께 언어 쑥쑥 세트(전 7권)

이지숙 글 | 김은정, 최선화, 정미선 그림

신체, 과일과 채소, 동물, 동작, 색깔, 감정, 숫자! 일상의 언어를 성경의 이야기를 통해 배울 수 있도록 구성되어 있다. (특별 부록: 퍼즐)

믿음튼튼 개념쑥쑥 세트(전 10권)

윤아해 글 | 이갑규, 장순녀, 고수, 홍지혜 그림

노아, 다윗, 베드로, 아브라함, 예수님 등 성경 인물들의 이야기를 통해 다양한 개념을 배워 가는 그림책 시리즈.

<신앙 동화>

엄마랑 성경 말놀이

다이앤 스토츠 글 | 사라 워드 그림

창세기부터 요한계시록까지의 20가지 성경 이야기를 중심으로 말씀을 싣고, 그림과 함께 단어를 배치하여 어휘 개념과 단어 학습을 돕는다.

아빠랑 성경 말놀이

다이앤 스토츠 글 | 사라 워드 그림

기독교 세계관을 중심으로 매 장마다 주제 말씀과 간략한 설명, 기도문을 싣고, 그림과 함께 단어를 배치하여 어휘 개념과 단어 학습을 돕는다.

<교리 교육>

그림으로 배우는 우리 아이 첫 교리 세트(전 2권)

김민환 지음

십계명과 주기도문에 관한 3D 애니메이션 그림책. 친절하고 상상력 풍부한 그림과 친근한 캐릭터들이 부연 설명 없이도 아이들에게 메시지를 또렷이 심어 준다.

<활동 교육>

똑딱 스티커북 성경 이야기

Scandinavia Publishing House 지음

8개의 성경 속 이야기와 아이들이 직접 떼고 붙일 수 있는 크고 작은 스티커가 무려 1,000개나 수록된 액티비티북.

어디 어디 숨었나 세트(전 6권)

Scandinavia Publishing House 지음

성경 이야기를 읽고 나서 그림 속에 숨어 있는 여러 가지 사물과 사람, 동물 등을 찾아보는 책이다. 각 권마다 5개의 이야기가 수록되어 있다.

2. 유치(5-7세)

<성경 동화>

내가 좋아하는 그림성경
사라 영 글 | 캐롤리나 파리아스 그림

사라 영의 베스트셀러『지저스 콜링』을 어린이 그림성경과 접목시킨 것으로 수년간의 연구와 기도, 묵상의 기록을 통해 완성되었다.

예수님을 알고 싶어요 시리즈 세트 A(전 5권)
앨리슨 미첼, 칼 라퍼트, 트릴리아 뉴벨 글 | 카탈리나 에체베리 그림

예수님을 알고 싶어요 시리즈 세트 B(전 5권)
댄 드위트, 로렌 챈들러, 앨리슨 미첼, 랜들 굿게임, 밥 하트만 글 | 카탈리나 에체베리 그림

하나님의 창조부터 예수님의 구원 사역에 이르는 과정을 알려 주는 그림책 시리즈. 멋진 그림과 예쁜 색채가 눈을 뗄 수 없게 만들며, 아이들의 눈높이에 맞는 감동적인 이야기로 예수님에 관한 진리를 전한다.

<신앙 동화>

난 겁쟁이가 아냐
맥스 루케이도 글 | 셜리 Ng-베니테즈 그림

두려움의 대상보다 훨씬 더 크고 든든한 하나님이 계시고, 하나님이 지켜 보호하고 계신다는 메시지를 전하는 책이다.

고맙습니다(유아용『평생감사』)
전광, 박보영 글 | 강윤미 그림

기독교 베스트셀러『평생감사』,『어린이를 위한 평생감사』에 이은 유아를 위한 감사 이야기 그림책이다.

참 좋은 우리 왕
크리스 탐린, 팻 배럿 글 | 로나 핫세 그림

하나님이 어떤 분이신지 재미있는 우화로 알려 준다. 이야기 안에 하나님이라는 말은 나오지 않지만, 하나님의 별칭이 나올 때마다 해당되는 성경 구절을 달아 설명을 도왔다.

〈교리 교육〉

어린 자녀를 위한 교리 교육 시리즈 세트(전 3권)
서은경 글 · 그림
아이들이 십계명, 사도신경, 주기도문을 달달 외우는 것으로 그치지 않고, 그 의미를 깨닫고 공감할 수 있도록 했다.

우리 아이 교리 첫걸음 세트(전 3권)
데본 프로벤처 글 | 제시카 로빈 프로벤처 그림
단어를 배우듯 각 책의 주제와 관련된 핵심 용어를 익히며 기독교의 기본 진리를 자연스럽게 깨닫게 한다.

〈활동 교육〉

온 가족이 함께 채우는 바이블 컬러링북
이승애 지음
하나님의 구원 이야기가 담긴 28가지 신구약 성경 이야기와 감성과 창의력을 길러 주는 재미있는 채색놀이를 한 권에 담았다.

방콕묵상 시리즈(유치용)
제이콥스 래더 지음
비대면이 일상화된 아이들에게 거룩한 습관을 세워 주기 위한 어린이 큐티책. 아이들이 매일 성경을 묵상할 수 있으며 필사, 암송, 미션, 만들기 등 다양한 콘텐츠와 활동으로 쉽고 재미있게 구성되어 있다.

하나둘셋 숨은그림찾기 성경 세트(전 2권)
사라 파커 글 | 안드레 파커 그림
성경 이야기 속 450가지가 넘는 숨은 그림을 찾으며 숫자를 세어 보자. 어느새 아이들이 세상에서 가장 귀한 보물인 하나님을 발견하게 될 것이다.

마치며

우리가 돌본 작은 씨앗이 예수님께 튼튼히 뿌리내리기를

　유아유치부에서 담임했던 한 아이를 10년쯤 지난 어느 날, 교회 앞마당에서 마주친 적이 있습니다. 주일 아침마다 유아유치부실 앞에서 엄마와 헤어지기 싫어서 울면서 엄마에게 매달렸던 아이였어요. 그래서 제가 항상 품에 안아서 달래고 무릎에 앉혀 예배를 드렸기에 더 기억에 남는 아이였습니다.

　오랜만이었지만 아이의 엄마와 저는 서로 눈이 마주치자마자 한눈에 알아보고 반갑게 인사했습니다. 하지만 옆에 서 있던 중학생이 된 그 아이는 '엥? 누구지?' 하는 표정이었지요. 아이의 엄마가 "너 4살, 5살 때 유아반 선생님이셔. 2년이나 담임선생님이셨어. 너 울 때마다 항상 안아 주시고 얼마나 예뻐하셨는데"라고 아무리 설명해 줘도 전혀 알아보지 못하는 눈치였습니다. 서운했냐고요? 아니라면 거짓말이겠지요. 하지만 어느새 멋지고 듬직하게 자라 중등부 예배를 드리러 온 그 아이가 너무 자랑스러워서 서운함은 금세 사라졌답니다.

　아동학 공부를 시작한 초창기에는 저희가 배운 지식들을 활용해 주일학교 아이들을 잘 교육하겠다는 열정과 함께, 전문가로서 무엇이든 실수 없이 해내야 한다는 부담감도 컸습니다. 그런데 시간이 지날수록 아이들을 돌보고 성장시켜 풍성한 열매를 맺도록 일하시는 분은 하나님이

심을 깨닫게 되었어요. 그리고 이렇게 고백하게 되었습니다.

"믿음의 주이신 예수 그리스도가 우리 아이들이 평생 자라야 할 좋은 밭이시고, 나는 아이들이라는 이 작은 씨앗들을 잘 심고 거름이 되어 사라지는 역할이구나. 그래야 믿음의 뿌리가 튼튼하게 내려지고 건강한 싹을 틔울 테니까. 그것으로 내 역할은 충분해. 그다음은 하나님이 풍성하게 열매 맺게 하시는 거야. 대신 나는 하나님이 일하시도록 나의 품에 안겼던 이 아이들을 오래도록 기억하고 기도하는 교사가 되자."

시간이 흘러 아동학을 공부한 시간과 교사로서의 경험이 더 쌓인 뒤 하나님은 저희가 처음 교사를 했던 때를 떠올리게 하셨고, 유아유치부 교사들과 그동안 훈련받은 것들을 나누며 함께 다음 세대를 위해 꿈꾸고 싶다는 마음을 주셨습니다. 그래서 그 마음을 모아 기도하며 책을 완성했습니다.

이 책이 유아유치부 교사로 부르심을 받았지만 부담감 때문에 망설이셨던 분들, 이미 유아유치부 주일학교에서 유아들과 함께하고 있지만

'내가 잘하고 있는 걸까?' 걱정되셨던 분들, 어린 유아들에게 어떻게 믿음을 심어 주어야 할지 구체적인 방법을 몰라 답답하셨던 분들 모두에게 작은 등불 같은 지침서가 되었으면 좋겠습니다. '나도 할 수 있다'는 자신감과 '충분히 잘하고 있다'는 위로, '아하! 이렇게 하는 거였구나. 이것만 조금 더 노력하면 되겠다'는 희망을 전해 주는 지침서 말이지요. 그래서 유아유치부 예배가 유아들과 선생님들, 부모님들에게 더욱 의미 있는 시간이 되길, 다윗과 같이 하나님 앞에 춤추며 나아가는 시간이 되길 진심으로 소망합니다.

그리고 무엇보다, 교사들에게 아이들을 사랑하고 섬길 수 있는 능력을 주시는 분도, 아이들이 복음 안에서 성장하게 하시는 분도 오직 하나님 한 분이심을 기억하며, 모든 영광을 하나님께 돌립니다. 할렐루야!

주

1) 유홍준, 『나의 문화유산답사기 1권』(창비).
2) 교육부·보건복지부, 『2019 개정 누리과정 해설서』(2019).
3) 미국유아교육협회(National Association for the Education of Young Children), 『발달에 적합한 실제』(Developmentally Appropriate Practice).
4) Jeffrey Trawick-Smith, 『놀이 지도: 아이들을 사로잡는 상호 작용』(다음세대, 2007).
5) 〈연령별, 주제별 추천 도서〉
  토리고에 마리, 『또르의 첫 인사』, 이정선 옮김(베틀북).
  몰리 뱅, 『소피가 화나면 정말정말 화나면』, 박수현 옮김, 몰리 뱅 그림(책읽는곰).
  윤여림, 『우리는 언제나 다시 만나』, 안녕달 그림(위즈덤하우스).
  맥스 루케이도, 『난 겁쟁이가 아냐』, 셜리 Ng-베니테즈 그림, 김수화 옮김(생명의말씀사).
  다윈시, 『짧은 귀 토끼』, 심윤섭 옮김, 탕탕 그림(고래이야기).
  쓰쓰이 요리코, 『이슬이의 첫 심부름』, 하야시 아키코 그림(한림출판사).
  김복태, 『친구 친구』(보림).
  백희나, 『알사탕』(책읽는곰).
  마르쿠스 피스터, 『무지개 물고기』, 공경희 옮김(시공주니어).
  앨리슨 미첼, 『오후 한 시의 기적』, 카탈리나 에체베리 그림(생명의말씀사).
  이수지, 『선』(비룡소).
  모리스 샌닥, 『괴물들이 사는 나라』, 강무홍 옮김(시공주니어).

사명선언문

너희가 흠이 없고 순전하여……세상에서 그들 가운데 빛들로
나타내며 생명의 말씀을 밝혀 _ 빌 2:15-16

1. 생명을 담겠습니다
만드는 책에 주님 주신 생명을 담겠습니다.
그 책으로 복음을 선포하겠습니다.

2. 말씀을 밝히겠습니다
생명의 근본은 말씀입니다.
말씀을 밝혀 성도와 교회의 성장을 돕겠습니다.

3. 빛이 되겠습니다
시대와 영혼의 어두움을 밝혀 주님 앞으로 이끄는
빛이 되는 책을 만들겠습니다.

4. 순전히 행하겠습니다
책을 만들고 전하는 일과 경영하는 일에 부끄러움이 없는
정직함으로 행하겠습니다.

5. 끝까지 전파하겠습니다
모든 사람에게, 땅 끝까지, 주님 오시는 그날까지
복음을 전하는 사명을 다하겠습니다.

서점 안내

광화문점	서울시 종로구 새문안로 69 구세군회관 1층 02)737-2288 / 02)737-4623(F)
강남점	서울시 서초구 신반포로 177 반포쇼핑타운 3동 2층 02)595-1211 / 02)595-3549(F)
구로점	서울시 동작구 시흥대로 602, 3층 302호 02)858-8744 / 02)838-0653(F)
노원점	서울시 노원구 동일로 1366 삼봉빌딩 지하 1층 02)938-7979 / 02)3391-6169(F)
일산점	경기도 고양시 일산서구 중앙로 1391 레이크타운 지하 1층 031)916-8787 / 031)916-8788(F)
의정부점	경기도 의정부시 청사로47번길 12 성산타워 3층 031)845-0600 / 031)852-6930(F)
인터넷서점	www.lifebook.co.kr